量化投资策略
适合所有投资者、基于股市异象的策略
Quantitative Investing
Strategies to Exploit Stock Market Anomalies for All Investors

(法)弗雷德·皮阿德 著

张彬 译

山西出版传媒集团
山西人民出版社

图书在版编目(CIP)数据

量化投资策略:适合所有投资者、基于股市异象的策略/(法)弗雷德·皮阿德著;张彬译.—太原:山西人民出版社,2019.7(2025.3重印)

ISBN 978-7-203-10493-3

Ⅰ.①量… Ⅱ.①弗… ②张… Ⅲ.①投资-经济策略 Ⅳ.①F830.59

中国版本图书馆 CIP 数据核字(2018)第 185368 号
著作权合同登记号 图字:04-2018-019

量化投资策略:适合所有投资者、基于股市异象的策略

著　　者:(法)弗雷德·皮阿德
译　　者:张　彬
责任编辑:秦继华
复　　审:赵红霞
终　　审:阎卫斌

出 版 者:山西出版传媒集团·山西人民出版社
地　　址:太原市建设南路 21 号
邮　　编:030012
发行营销:0351-4922220　4955996　4956039　4922127(传真)
天猫官网:http://sxrmcbs.tmall.com　电话:0351-4922159
E-mail:sxskcb@163.com　发行部
　　　　sxskcb@126.com　总编室
网　　址:www.sxskcb.com

经 销 者:山西出版传媒集团·山西人民出版社
承 印 者:廊坊市祥丰印刷有限公司

开　　本:880mm×1230mm　1/32
印　　张:5.5
字　　数:110 千字
版　　次:2019 年 7 月　第 1 版
印　　次:2025 年 3 月　第 2 次印刷
书　　号:978-7-203-10493-3
定　　价:45.00 元

如有印装质量问题请与本社联系调换

免责申明

本书所提供的信息仅用于教学目的，并不作为投资建议。在决定投资金融市场之前，你应该认真考虑你的投资目标、经验水平和风险偏好。你可能会损失部分或全部初始投资。如果有任何疑问，你应寻求独立财务顾问的建议。

书中所提及的所有产品、ETF、工具和网站，都是相应发行人的财产和商标。本书仅提供关于大量投资方法的信息。它不构成对买入或卖出任何金融工具的要约、推销或劝诱。

本书不保证任何投资者均能获得与书中所讨论内容一致的结果。任何系统或方法的历史表现并不必然代表未来。书中所展示的结果，更多是基于模拟测试。虽然它们已经尽可能地接近现实，然而，仍存在来自数据、软件和人工操作上的错误的风险。

美国商品交易委员会规则4.41——假设或模拟的表现结果都存在特定的缺陷。与真实的业绩记录不同，模拟结果并不能代表真实交易。此外，由于这些交易并没有被执行，这些结果可能高估或低估了特定市场因子（若有，例如缺乏流动性）的影响。模拟交易程序一般都存在以下事实：它们的设计受益于后见之明。不保证任何账户将要或很可能获得与它们所展示结果相一致的盈利或损失。

作者简介

在对金融市场产生兴趣之前，弗雷德·皮阿德已在软件、信息系统咨询和营销领域有着非常丰富的经验。借助过往的活动经验，他通过自学投身于交易实践，以建立其自身的方法论。经过多年研究，他成功地将系统化的观点和基于分析的方法结合在一起。作为一名软件架构师，他知道，在长期表现最好的方法总是最简单的。作为一名咨询师，他经历了实体经济中的不同行业：能源、银行、医疗保健、制造业和公共管理等。此外，他从营销中领悟到，人类群体的行为有时可以被模型化，但从不能被预测到。他拥有计算机科学博士学位、软件工程和土木工程硕士学位。

前　言

本书的目标读者

本书是为那些寻求简单、有效和低风险投资策略的人而写的。执行后文所描述的策略，只需每周花 5 分钟，有时甚至是更少的时间，这对于那些有全职工作的投资者而言是很适合的。虽然本书并不适合短线交易员，不过他们也可能会在本书中发现经典方法在高频交易领域的盈利能力，或许会比其预想的要高。

本书是故意设计得比较薄和富有实操性的。它还相对简单，不过难易程度可能因人而异。如果对某个词或概念不是很清楚，读者可能需要查一下那些在线知识库，比如维基百科（Wikipedia）或投资百科（Investopedia）。如果读者对统计学有所了解，那就有助于理解本书中部分更富有技术性的内容。不过，理解和执行这些策略只需具有逻辑思维和能顺畅浏览在线金融数据资源，并不需要特别的金融或数学背景。

运用书中的所有策略，不需要再购买额外的产品或服务。不过，本书附录所提及的工具，会对学习本书内容有帮助，它可以让运用过程变得更简单和快捷。

本书的覆盖范围

书中所展示的所有策略，都具备一些共同特征：
◇ 它们都产生于学术界和实务界出版物。虽然它们的表述、模拟、解释、组合和工具选择可能是由本书首次公开，但这些概念其实已经被认识和记录了几年，其中一些甚至有几十年了。这体现了它们的稳健性。
◇ 它们仅交易美国股市中的股票和非杠杆交易所交易基金（ETFs）。这些概念可能在其他市场的其他金融工具上也会有良好的表现，不过本书并没有对此进行考察。
◇ 所使用的所有金融工具都是富有流动性的。不过我还是推荐大家使用限价指令。
◇ 所有策略都是仅做多的，这里不包含卖空。

本书的结构

本书的核心内容分布在与策略分类有关的各章中。在此之前是对方法论的探讨，之后则介绍了一些在开发策略时读者需注意的技巧和警示，最后是结论。附录则提供了一种新指标的研究概述。

致　谢

　　特别感谢哈里曼出版社的斯蒂芬·埃克特。从最初的想法到最后的成书，他都给予了莫大的帮助。

引 言

学习投资有两种方法

困难的方法和简单的方法。

大多数人都是从困难的方法开始的——我就是这样。

当我决定管理自有资金的时候，我是从跟随财经媒体开始的。我以极大的信心买入了一家公司的股票和一个指数基金（tracker），然后就将它们遗忘了三年。我同样忘记了伍迪·艾伦（Woody Allen）的话：

在理解这个问题之前，你拥有的只是信心。

这是我在金融市场上的第一笔主动投资。幸运的是，我的盈亏基本相抵。但我知道，这仅仅是运气而已。因此我决定跟随那些"内行"。我尝试过六种付费资讯。但在这段追随专家的时段里，我的交易并没有比刚开始时好多少。因此我决定去学一些关于市场的知识。

接下来的阶段就是学习一些技术指标和形态，然后进行日内交易。我发现这确实有效，但需要承受大量的压力和花费时间，这是与我的生活方式相违背的。我喜欢让钱为生活工作,而不是相反。

当我开始用筛选器和模拟测试工具来扫描数以千计的股票和ETF的基本面和技术面的历史数据后,我发现了一个更好的方法。我喜欢这种智力游戏:开发数十种策略,编码数百种策略表现形式,并执行数千次模拟测试。

通过一套足够好的策略体系,量化投资让投资者能在特定的、事先计划好的时间里在市场中交易。在一周或一个月内,可能只需要执行一次交易,而忽略掉那些图表和新闻。它避免了绝大多数在维持长线视角和合理资金管理时所存在的疑虑和情绪。因此它可以成为那些古老投资策略的补充或替代。

这个方法挺适合我的。

科学的投资方法

科学的投资策略已经被探索了数十年了,不仅仅是对冲基金,更多的传统基金管理人也在这样做。所有类型的数据都有可能被用到,只要它们是可被度量的:基本面数据、技术指标、市场情绪和新闻源。量化基金所管理的资产规模一开始增长缓慢,接着就以一种爆发式的方式增长。在2008年危机前,量化基金的预计规模达1.5万亿美元。由于过度拥挤和过度杠杆,它们在2009年下跌至前期值的1/4。

什么才是真正的量化投资呢

虽然量化投资主要被技术领先的基金所开发和使用,但它并不是根据使用者或技术来定义的。它是一种基于假设和实证检验的科学方法。它并不仅是那些聪明基金的专属物。对于个人投资者而言，其中的一些技术也是可以获得的。

对量化投资有很多种定义，下面是我的定义：

对金融市场行为设置合理和可度量的假设，从而对预期收益和风险在可接受的置信水平下做出投资决策。

使用量化模型的主要优势有：

◇ 投资决策过程独立于观点和情绪（影响个人投资者的最重要因素）；
◇ 可被任何人在任何时间下复制（影响基金的最重要因素）。

第一个风险是对定义中什么是"合理的假设"和"可接受的置信度"的错误理解。换句话说，由于错误或不完善的选择标准，而选择了一个坏的策略。

另一个风险是历史上的好策略，在未来可能会变坏。一方面，由于信息扩散的速度在加快，一些技术的有效期变得越来越短；另一方面，一些古老的交易方法在近年来仍能获得不错的表现。我的目的就是对第二种类型展开新的阐述。

目　录

第一章　方法论 ... 1
关注简单的基本原则 ... 3
评估策略 ... 7
回撤的代价 ... 16
工具和要求 ... 18
常用假设、用语和表述 ... 20
本章小结 ... 22

第二章　择　时 ... 23
标普 500 择时 ... 25
多指数择时 ... 35
行业组合择时 ... 39
全球资产组合择时 ... 43
本章小结 ... 49

第三章　动　量 ... 51
行业轮动 ... 53
全球资产轮动 ... 58

配对转换 ·· 62

本章小结 ·· 69

第四章 季节性模式 ·· 71

唯一一个回测期超过 319 年的策略 ···················· 73

两季节策略 ·· 78

四季节策略 ·· 83

年末模式 ·· 89

季节性模式与行业 ·· 91

更多的季节性模式 ·· 93

本章小结 ·· 96

第五章 策略组合 ·· 97

尝试将所有策略组合在一起 ···························· 99

"不辛苦、也无收获"策略 ······························ 101

建立一个系统化的投资组合 ·························· 103

幸运因子 ·· 108

本章小结 ·· 110

第六章 基本面量化模型 ······································ 111

假设 ·· 113

价值模型 ·· 114

成长模型 ·· 117

股息模型 ·· 120

目 录

择时和对冲 ·· 123
将模型组合在一起 ·· 125
本章小结 ·· 126

第七章 策略设计 ·· 129
策略设计框架 ·· 131
回测的致命弱点 ·· 134
本章小结 ·· 146

总　结 ·· 147
附　录 ·· 149
附录1:1950年以来的夏季和冬季收益率 ············ 149
附录2:一种新的量化指标 ································ 153
附录3:参考书目和资源 ···································· 158
附录4:支持 ·· 160

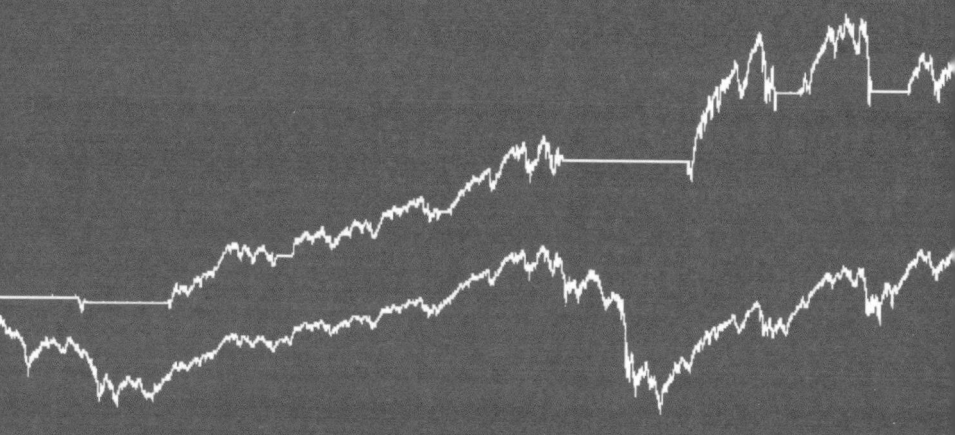

第一章 方法论

本章首先定义了那些会在策略中用到的市场异象,以及用来评价它们的标准。本章同样列出了那些执行策略时会用到的工具和要求。最后,对书中会用到的假设、用语和公式进行了简单的总结。

第一章 方法论

关注简单的基本原则

本书是围绕四个概念来阐述的。这四种市场异象已经被那些试图战胜市场的成功投资者们使用了数十年了。尽管它们已经被市场参与者们所熟知,但这四个概念在近些年里还在持续地战胜市场。

我们游戏的四张王牌是:

◇ 择时。
◇ 动量。
◇ 季节性。
◇ 价值。

在详细介绍它们之前,我们需要厘清一点:这不是魔法——这些异象并不会时时刻刻都有效。

当然也有人持反对意见。你会发现,一些文章声称这些异象并不好用。这些文章一般都粗制滥造,它们是由那些希望个人投资者不相信这些异象有效的人写的或赞助的。另一方面,你会发现,许多精心完成的学术文章认为,对于那些数十年坚持应用这些异象的投资者而言,他们会获得统计学上显著的优势。

这些异象未来还会有效吗?

没有人能够保证这点。不过对足够长的历史数据进行研究,是规划未来的最好方法。请注意,这里我用的是规划,不是预测。

接下来我们将对市场中的这四种异象进行介绍。

1. 择时

择时是指对于某个资产类别而言,当某个指标或某个指标组合进入危险区域时,就退出该资产类别。择时一般是基于技术指标的,特别是移动平均线。

移动平均是指过去 N 个周期的平均价格。用来平均的值为每个周期(通常为日)收盘时的价格。我们会在下一章中找到移动平均的示例和应用。

也可以使用一些更复杂的整合指标,比如:

◇ 某个指数衍生品或股票组合的期权的看跌/看涨比率(put/call ratio)。
◇ 投资者情绪调查。
◇ 标普100指数成分股中,股价高于其200日均线的股票数量。
◇ 股票组合中,看涨与看跌图表形态数量之比。
◇ 标普500成分股的平均临时每股收益(average provisional EPS)。

在使用某个合适指标的情况下,对全球股指进行择时一般会取得较好的效果。

2. 动量

动量一般被定义为由某个固定间隔而分出的两个时间点之间的收益率（价格的相对变化）：

(P1 – P2) ／ P1

或这两个时间点的价格之比：

P2 ／ P1

当使用相对强度指标来对两个或更多资产进行排序时，这两个定义是等价的。动量是由特定间隔所定义的某个时间尺度下的价格平均速度指标。投资者们最常用的间隔是 1、3、6 和 12 个月，或用交易日来表示的对应值。

关于动量的投资，是对当前趋势的投资。其思想是，价格有一种惯性，如果它的速度足够大，它很可能会沿着相同的方向持续前进。

动量一般在全球和特殊指数（例如，行业）上表现较好。

3. 季节性

许多人类活动都存在季节性周期。季节性模式可以在任意金融市场上找到：指数、个股、货币和商品等。

股票市场的季节性周期并不是每年都有效，但它会在长期中发挥效力。道琼斯指数自 20 世纪 20 年代以来的季节性模式都被记录了下来，但对它们的持续性和套利阻碍的科学解释，并没有引起学术界的兴趣。

你可能对其中的一些知名效应已经有所耳闻了：

◇ 在 5 月卖出并离场：股票市场会在 5 月之后的几个月里表现较差。
◇ 万圣节效应：股票会在 11 月重新受欢迎，并可能在万圣节之前上涨。
◇ 圣诞节效应：股票一般在 12 月会表现不错。

诸如"在 5 月卖出……"和"万圣节"效应等术语，一般用来给相同的年度周期命名。事实上，它们是不同的效应，背后有不同的（至今仍不明确）的理论解释，尽管它们组成了年度周期。

季节性效应对成分股很分散的指数更有效。对于行业指数而言，由于重叠了多个不同的周期，结果会比较复杂。

4. 价值

计算某个公司的价值，并识别该股票价格中的可能异象，是基本面分析的领域。有三个主要因素在影响我们对市场价值的理解：

◇ **内在价值**　它依赖于该公司最近一期财务数据的快照（一

般是最近一个季度的盈利）。
- ◇ **增长历史** 分析师们会用不同的标准来度量增长。如果该公司有一个稳定的增长纪录，其股票会更有弹力。不过投资者们可能会对增长的加速或减速过度反应。
- ◇ **分红历史** 稳定的分红收益，甚至更好的情形，稳定增长的分红收益，会对买入并持有的投资者们有吸引力。

注释：在阐述价值策略时，我并不关心某个股票的"真正价值"是什么，而是关心某个基本面数据组合是否会以显著高的概率推动股价。

评估策略

本节有数学公式和概念。它们将帮助你理解那些用于评估策略的各种比率，但它们并不是实施策略所必需的。如果你觉得这些内容有些复杂，你可以跳过这一节，或者晚一点再阅读。

平均收益率

我们可以计算一项投资在任意时间单位从天到年的平均收益率。此外，对于一个数据序列，有不同的数学方法来计算"平均"。除非特别指出，本书所指的平均收益率，均是指复合年均增长率（CAGR）。

如果 Q 年的总收益率为 T%，则复合年均增长率为：

$$CAGR = (1+(T/100))^{1/Q} - 1$$

用文字来表述的话,就是在给定总收益率、再投资收益的情况下,所实现的假设为常数的年化收益率。因此,它是一个复合收益率。

例如,假设某个策略在 2 年时间里获得了 50% 的总收益率。那么它的复合年均增长率就是 0.225 = 22.5%。

如果某个策略在 10 年中翻了 10 倍(+900%),那它的复合年均增长率为 25.9%。

年数并不需要一定是整数。我们可以计算 10 年的复合年均增长率,也可以计算 6 个月的。当然,计算一个很短期的复合年均增长率,对于我们评估一个策略的表现没什么帮助。

长期平均收益率不是一个精确的指标。在评估某个策略的细节时,我都会花时间来计算下这段评估期里每年的复合年均增长率。这些复合年均增长率的变化可以帮助我们理解策略在不同市场态势下的行为。

回撤

回撤有时被定义为"从峰值到谷值的下降幅度"。不过事情没有那么简单:何为峰,何又为谷呢?

首先我会定义当前时刻的回撤,接下来是历史上的,再接下来是最大回撤,而这才是真正有意义的概念。之所以要这样做,我是希望能用简单的话来解释:最大回撤就是科学家们所称的递归运算的结果。

回撤的当前值常被定义为最大组合价值与当前组合价值之间的百分数损失。例如,如果最大值为 500,000,当前值为 450,000,则回撤为:

(50 - 45) / 50 = 0.0 = 10%

根据定义,如果当前值就在最高点,那么回撤为零。

过去某个日期的回撤,为该日期之前或就在该日期时的最高值,与该日期的值之间的百分数损失。

某段时间内的最大回撤,为该时段中所有回撤的最大值。

如果我们定义时间 t 时的回撤为数学函数 DD(t),而最大回撤为另一个函数 DDM(t),那么:

DDM(t) = max[DDM(t-1), DD(t)]

这里就涉及递归了:时刻 t 的 DDM 被定义为与其在 t-1 时的状态有关。在金融学上,时间是离散的:变量 t 是一个整数。它可用你在图表工具中所使用的任意时间单位来度量,不管是 tick,还是年。

上面的讨论都与回撤的深度有关。关于回撤的另一个重要方面是它的长度(或持续期)。

某段时间内的最长回撤期,是指组合(或策略)没有创新高的最长时间间隔(用天、周或月来表示)。最长的回撤并不总是对应最深的回撤。

在本书中,一般用日频收盘价(daily close price)来计算回撤。日内的回撤可能会更深。对于有杠杆的或波动非常大的交易策略，用日内的最低价和最高价来计算回撤可能会更好。

在阅读研究报告时需注意，有时它们是用周频收盘价（weekly close prices）或月频收盘价（monthly close prices）来计算回撤，这会在表示某个组合的真实情况时非常不精确。

有许多基于回撤的公式来评估某项投资的优势和稳健性。其中最简单的是斯特林比率（Sterling ratio）：

平均年化收益率 / （最大回撤 + 10%）

该比率越高，说明投资效果越好。

夏普比率

夏普比率是一种经风险调整后的业绩表现指标：该值越高，业绩越好。它将平均收益率与某个业绩基准的偏差，及其波动率同时考虑了进来。夏普比率会偏好于那些同时具备好而稳定的收益率的策略。

夏普比率的计算公式为：

($<R>-R0$) / Std

$<R>$ 为预期收益率，通常使用平均年化收益率。

R0 为基准收益率，一般使用无风险利率或某个全市场指数（例如，标普500）的收益率。

Std 为标准差。在1966年发表的论文中，其初始定义为收益率的标准差。在 1994 年发表的论文中，对此进行了变更，更推荐使用超额收益率（收益率减去 R0）的标准差。

我怀疑现在你都没什么机会来自己计算夏普比率了，现在的软件都可以帮你实现。如果你没有这些软件，你可以去网络搜索引擎上去搜索下免费的夏普比率表格和免费的夏普比率计算器。

索提诺比率

夏普比率的缺点在于，它会对那些在有些年份表现特别好的策略施加惩罚（因为它们的波动率更高）。而索提诺比率就修正了这一点，它只考虑那些"负的"波动率。

索提诺比率的计算公式为：

(<R>-R0) / Stdn

<R>和 R0 与夏普比率中定义相同

Stdn 为仅计算负的收益率的标准差。它的一个变体是计算负的超额收益（收益率减去 R0）的标准差。

凯利准则

之前的比率都依赖于高斯的统计学假设。它是指受某种类似于重力，其强度与标准差呈反向关系的东西的影响，某个数据序列会被拉回至其均值附近。而现实则没那么有序。

一般认为赌博理论会更具有普遍性。凯利准则就是这个领域中最为人熟知的比率。它的值为可用资金的一个理论比例,按照该比例对某个策略进行投资,可以在长期中获得最佳的表现。在现实中,该比例可以被视为单次投资的资金上限。我将它作为一个关于稳健性的概率指标来使用。其值越高,说明该策略越可信。

不过凯利准则同样依赖于概率论假设:胜率和平均盈亏比被假定为常数。

在评估某个策略的质量上,并没有一个独特和完美的比率,所以最好同时用多个来评估。

凯利准则的计算公式为:

$$K = P - (1-P) / W$$

其中:

W 为平均盈亏比。

P 为胜率。一般用数据集的实证概率(正收益率的次数除以总收益率的次数)。

作为一个属于赌博理论的指标,凯利准则在计算时,并不是用年化收益率,而是用整个交易集或决策点的数据。当数据集足够大时,其值就会变得有意义。

凯利准则在杠杆变化时并不会变化。因此它可以作为一个稳健性指标,而不是一个风险指标。

第一章　方法论

提示：以下技术性内容要求读者具备科研背景。

技术性描述

如果 P 和 W 不为常数，或者与实验值之间存在较大差异，也是可能的。对 K 求一个简单的差分，可得：

$dK / dP = 1 + 1 / W$
$dK / dW = (1 - P) / W^2$

在后文所介绍的策略中，W 一般介于 0.9 和 1.7 之间，P 介于 0.5 和 0.7 之间，这意味着：

$dK / dP > 1.59$
以及
$dK / dW < 0.62$

这意味着，凯利准则对 P 的变化的敏感度，至少是对 W 的变化的敏感度的 2.5 倍。因此 W 的不确定性就可以被合理地忽略掉。①

当我想考察 P 的不确定性时,我会用置信度为 95% 的统计学概率来代替实证概率。这个统计学概率值(用 P95 来表示)意味着真实概率会有 95% 的可能性比 P95 更好。使用 P95 来计算出的凯利准则(用 K95 来表示),会增加一个安全边际,尤其是当数据集不够大时。你可以找本关于统计学的书来看看,找到如何计算某个置信度的概率。

不足之处

当不同策略能被模拟足够长时间,以获得一个足够大的决策点(或交易)集,从而覆盖不同的市场态势时,我们就可以对这些策略进行评估和比较。测试期越长,评估效果越好。

然而,即便有了长达几十年的统计结果,我们也需要对这些值保持谨慎。某次高收益率的投资决策可能在现实中并不成立,而两个策略的平均收益率之间所存在的 2% 的差异,也可能是随机的。

如何解释这些标准?

我们已经定义了关于投资策略的评价标准,你可能想知道这

---

① 凯利准则计算出的值,是一个资金使用比例。dK/dP 是指在 P 变化一单位时 K 的变化,即 K 相对于 P 的敏感度;而 dK/dW 是指在 W 变化一单位时 K 的变化,即 K 相对于 W 的敏感度。由于 $(dK/dP)/(dK/dW) > 1.59/0.62 = 2.5$,说明 P 的变化对 K 的影响,比 W 的变化对 K 的影响更大。因此,我们可以忽略 W 的不确定性,而更关注 P 的变化。——译者注

些标准的合理值是多少。不幸的是，对于这一点，并没有一个确定性的答案。事实上，在比较不同的投资策略时，这些标准应该被视为相对值来考虑。我们无法对它们得出绝对性的结论。

理解这些标准依赖于：

◇ 在评价期内的市场态势。
◇ 交易节奏。对于一个日内交易员和一个一年才对投资组合再平衡一次的投资者而言，预期平均收益率和风险调整比率都并不相同。
◇ 资本。一个管理规模达100亿美元的基金所面临的约束条件，与一个投资额为1万美元的个人，并不相同。
◇ 投资目标、风险偏好、杠杆因素，等等。

例如，某个个人投资者可能会对0.8的夏普比率感到满意。而对职业日内交易员的夏普比率要求，可能高达2。

我可以告诉你一些我在时事通讯和自营账户中所使用的周频和月频策略（这些策略没有出现在本书中）的判断标准：

◇ 这些评价标准的测试期至少应有10年。
◇ 最低的复合年均增长率：15%。
◇ 最大的回撤：30%，并且比复合年均增长率更低（或较接近）。
◇ 最低的索提诺比率：0.9。
◇ 至于凯利准则，当我计算时，一般会放弃那些值低于0.2

（20%）的策略。

以上是针对单个策略的标准。明智的做法是，将至少3种源于不同基本原理的策略组合起来，以实现超过20%的总体复合年均增长率，和低于15%的总体最大回撤。

这些标准提供了一种优势，但并不是保证。过去的表现，不管是模拟的还是真实交易的，都无法保证未来的表现。

回撤的代价

现在，用历史数据模拟（或回测）的结果来帮助做出未来投资决策的投资者数量在逐渐增加。不幸的是，他们通常会犯两个错误：他们假定模拟结果会有预测效果，以及他们过于关注收益。然而，模拟的最主要作用是评估某个策略的风险。我们可以从两个层面来评估风险：

◇ 该策略的稳健性。斯特林比率、索提诺比率和凯利准则都是实现这一目的的很好指标：其值越高，效果越好。考察下这三个指标，能帮助我们更好地了解这一策略。
◇ 回撤的历史。实现这一目的的最显著指标是最大回撤（用百分比表示的最大相对损失）和最长回撤期（损失的最长持续期）：其值越小，效果越好。

回撤还可以用来计算另外两个重要的数据：

弥补损失所需的盈利

如果回撤为 x，那计算公式为：

$$f(x) = x / (1 - x)$$

例如：

当某个组合出现了 30% 的回撤，那它后面需要 43% 的盈利才能恢复：

$$0.30 / (1 - 0.30) = 0.428$$

当它的回撤为 50% 时，它就需要 100% 的盈利：

$$0.5 / 0.5 = 1$$

这是一个表示回撤的代价，或恢复所需的努力。

弥补额外 1% 回撤所需的额外盈利

其计算公式为：

$$df(x) / dx = 1 / (1-x)^2$$

例如：

当某个组合目前已经有30%的回撤，并且即将出现31%的回撤时，需要额外的2%盈利才能让它恢复初始状态（零回撤）：

$1/(1-0.30)^2 = 2.04$

当已经出现50%回撤，并再额外发生1%的回撤时，将需要额外的4%盈利才能让它恢复初始状态：

$1/(1-0.50)^2 = 4$

这是回撤的边际代价。

工具和要求

数据资源

书中所列出的任何股票或ETF代码，你都可以在财经网站上找到关于它们的更多信息。例如在雅虎财经（Yahoo! Finance）上：打开主页，在输入代码一栏中输入代码，然后点击获得报价按钮。在所获得的页面上，左侧的图表将向你提供关于该股票的公司信息、新闻、技术面和基本面数据。

对于交易ETF的策略，需要去比较ETF价格和它们的移动平均。有许多诸如雅虎财经、谷歌财经（Google Finance）、股票图表（Stockcharts.com）和免费股票图表（Freestockcharts.com）等免费在线作图平台。我比较喜欢用最后一个，因为它的设计比较好，功能比较全。

对于交易股票的策略，你需要一个关于基本面数据的监控器。在本书写作的阶段，我所知的最好监控器是 Finviz.com。

不同数据供应商的基本面数据可能存在差异。由于在 Finviz 网站上没法进行模拟，因此也就无法比较回测结果。虽然我认为 Finviz 是一个值得信赖的数据源，不过如果你能找到更好的，不妨使用那些更好的。

模拟软件

对于书中所提及的那些策略，你并不需要再用模拟软件来实践一下。不过，我想还是有必要给大家介绍下我所使用的工具以及使用原因。

在搜寻适合测试策略的模拟工具时，我列出了以下要求：

◇ 尽可能广地覆盖美国市场的 ETF 和股票。

◇ 值得信赖的收盘数据（我的目的不是做日内交易）。

◇ 拥有 10 年以上的历史数据。

◇ 能查看技术面和基本面信息。

◇ 在模拟时保留了那些消失了的公司（不存在生存偏差）。

◇ 基本面数据都有时间戳（不存在前视偏差）。

◇ 具有现实性的模拟变量（滑价/手续费）。

◇ 独立于软件编辑器或平台。

◇ 费用不超出个人投资者的承受能力。

最终，我选择了组合 123（Portfolio 123）。

本书中所有的模拟图表都是用组合 123 来生成的。执行这些策略并不一定会用到这个工具，但它确实是对这些策略的严格复制。

附录介绍了如何延长免费试用期的方法，以及一些策略的代码（这些代码可能存在时间限制）。

为了计算最大回撤、最长回撤期、水平收益率（固定投资额下的收益率，不考虑复利）、某个置信度下的概率和凯利公式等值，我使用了 Libre Office Calc（一个类似于微软 Excel 的免费软件）中的工作表。

常用假设、用语和表述

除非特别指出，书中的所有策略和模拟都具备以下特征：

◇ 模拟指令用的是开盘价。
◇ 计算和决策所使用的数据，都是截至交易前一天收盘后所能获得的数据。
◇ 分红和股息都被再投资。

我把以下两种行为称为再平衡：

◇ 做出改变（或不改变）组合中资产的决定。
◇ 改变组合中的头寸规模（例如，维持等权重）。

在本书中，我将主要介绍那些对组合进行每周再平衡（周频再平衡）或每四周再平衡（四周再平衡）的策略。书中有时也会用到月频再平衡这个表述，这意味着四周再平衡。

每个再平衡日期都是一个决策点。

所有日期都使用了美式日期表述体系（即：mm/dd/yyyy）。

天这个词是指交易日。一周一般会有 5 个交易日。

策略定义

本书是以下表所示的格式来描述策略的：

策略名称	书中后续识别该策略时会用到的名称。
资产	投资组合中所有交易的资产代码列表。
模拟期	回测所经历的时间段。用起始日和终止日来表示。
再平衡期	周频或 4 周频。
头寸数量	投资组合中的头寸数量。每个代码和某个金额（或占整个组合的百分比）对应一份头寸。
最大规模	单一头寸占整个组合价值的最大百分比数。
交易规则	在每个再平衡日，对要买入或持有的资产进行判别的条件列表。组合中不再持有的资产将被卖出。
杠杆	1 倍（无杠杆）或 2 倍（2 倍杠杆）。
交易费用	跳价和手续费占交易金额的百分比。
业绩基准	相对应的标准化投资，一般使用标普 500 指数或它的 ETF（SPY，包含了分红）。

某个 ETF 的初始日是该产品上市交易的首个交易日。

对于交易 ETF 的策略，其起始日不得早于任意资产的初始日。

模拟的结果会用统计数据和组合在时间上的总收益率（%）图来汇总表示。

这些图表有时也会记录下在组合中的头寸数量（#头寸）和在每个再平衡日的头寸变化比例（调仓率）。

本章小结

本书介绍了一些适合个人投资者的，在分钟频、周频或月频上简单易行的投资策略。

本书主要介绍交易股票和 ETF 的策略。这些策略包括四类：择时、动量、季节性模式和价值。

评估这些策略的标准包括：平均收益率、回撤深度、回撤持续期、夏普比率、索提诺比率、斯特林比率和凯利准则。

本章还介绍了书中所使用的工具、用语、假设和策略的一般表示形式。

接下来的四章将主要介绍先前提及的四种市场异象。

让我们首先从择时开始吧。

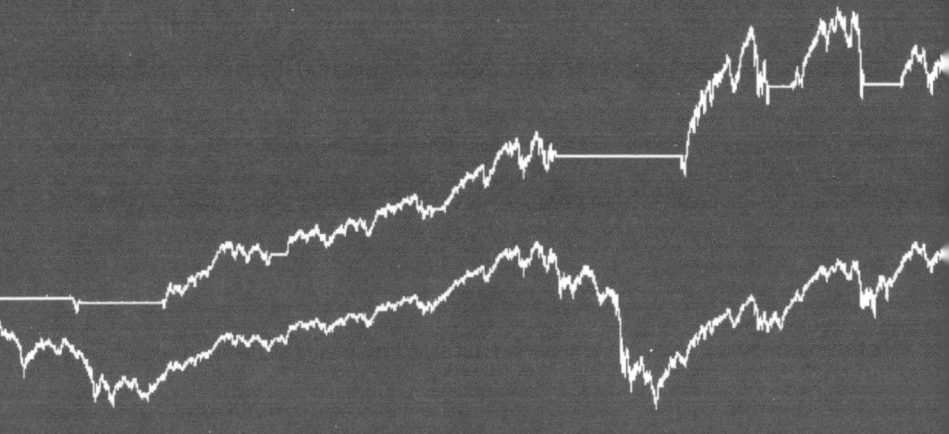

第二章 择 时

　　市场这个词是指那些允许买家和卖家相互交易流动性资产的系统、结构、机构和程序。它可能包含不同的层次，比如资产类别（股票、债券、商品和货币）、金融工具类别（期货、期权），或者单个资产（特定股票、金属、货币对等）。牛市是指市场价格的趋势向上，熊市则是指市场价格的趋势向下。择时则是一门能在合理的概率下发现市场何时从牛转熊（或反过来）的科学或艺术。

　　本章介绍了许多基于简单择时规则的策略，并将它们应用在分散化的股票指数、行业指数和全球资产类别上。

标普 500 择时

最为人所知的择时指标是简单移动平均。

N 期的简单移动平均（SMA）是指最近 N 期收盘价的算术平均。如果我们有最近 p 期的收盘价序列，则其简单移动平均为：

SMA20(p) = [收盘价(p) + 收盘价(p-1) + ⋯ + 收盘价(p-N+1)] / N

在择时中，最常用的移动平均是 20、50 和 200 天均线。其思路是，如果价格在某个特定的均线之上，则认为市场处于牛市，价格处于均线之下则为熊市。一个变形的用法是，如果短期均线高于长期均线，则为牛市，反之则为熊市。

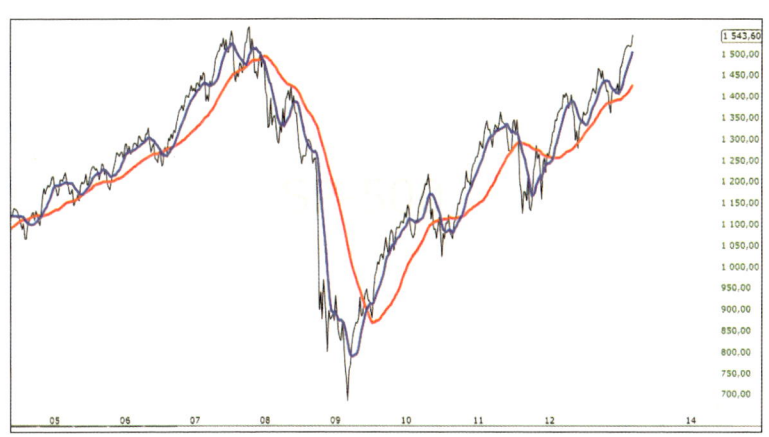

Chart courtesy of Freestockcharts.com

图 2.1 均线示例

来看一个示例,下面是标普 500 指数在 2004 至 2013 年间的 50 日和 200 日均线。

事实上,上图显示的是周频均线(weekly SMAs)。当使用周频图表时,200 天均线会与 40 周均线接近,而 50 天均线会与 10 周均线接近。你很难从图表上看出它们的差异。不过它们确实不相等。均线可以用日频收盘价来计算,也可以用周频收盘价计算。在后续的计算和模拟中,我们都会用真正的日频均线。

策略示例

在寻找交易 ETF 的策略时,如果发生以下情形,我们来看看结果会如何:

◇ 当价格高于红线(200 日均线)时,我们买入 SPY(标普 500 的 ETF),其他时候则退出市场。
◇ 当蓝线(50 日均线)高于红线(200 日均线)时,我们买入 SPY,其他时候则退出市场。

策略定义:择时——最新价 > 200 日均线

策略名称	择时—SPY—均线—200
资产	SPY
模拟期	2000.1.1—2013.1.1
再平衡期	日频

头寸数量	1
最大规模	100%
交易规则	最新价 > 200 日均线
杠杆	1
交易费用	0
业绩基准	标普 500 指数

以下的模拟所使用的期限为 2000 年 1 月 1 日至 2013 年 1 月 1 日（13 年）。

该策略的收益率是用红线来表示的，蓝线为作为基准的 SPY。两个图中都考虑了分红。在这些开始的例子中，每天都会检查一下头寸，并且没有考虑交易费用。

图 2.2　择时—SPY—均线—200 策略的模拟结果

策略定义：择时—50 日均线 > 200 日均线

策略名称	择时—SPY—均线—50—200
资产	SPY
模拟期	2000.1.1—2013.1.1
再平衡期	日频
头寸数量	1
最大规模	100%
交易规则	50 日均线 > 200 日均线
杠杆	1
交易费用	0
业绩基准	标普 500 指数

图 2.3　择时—SPY—均线—50—200 策略的模拟结果

基于双均线的第二个策略，其结果看上去比第一个更好一些，不过它的交易次数更少。

不过，这样的策略是用来规避长期熊市的。在趋势市中，它可能会产生错误信号，从而导致表现差于基准。2009 年以来的情况就是如此。

图 2.4　2009 年以来，择时—SPY—均线—50—200 策略的模拟结果

好消息是，即便是在差于基准的时期（2009 年以来），该策略的回撤和波动率仍比买入并持有策略要低。

当 50 日均线低于 200 日均线时出场的主要好处不在于提高收益，而是回避那些极端高波动和回撤的时段。这为我们提高头寸的杠杆提供了空间。

量化投资策略

策略定义：择时—50 日均线 > 200 日均线，2 倍杠杆

策略名称	择时—SPY—均线—50—200—2 倍杠杆
资产	SPY
模拟期	2000.1.1—2013.1.1
再平衡期	日频
头寸数量	1
最大规模	100%
交易规则	50 日均线 > 200 日均线
杠杆	2
交易费用	0
业绩基准	标普 500 指数

下面就是 2 倍杠杆时双均线择时策略的表现图：

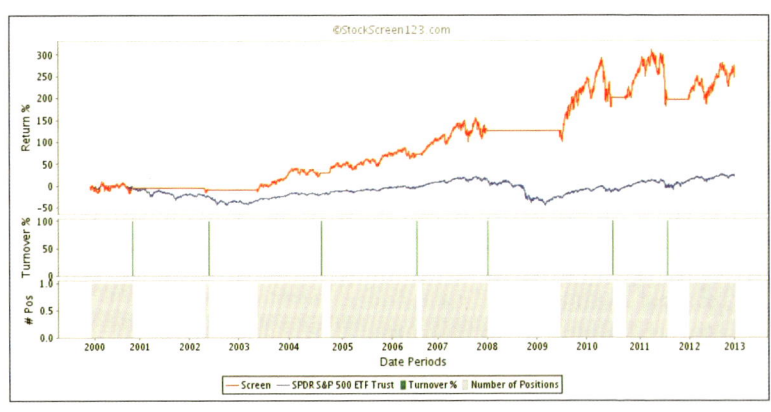

图 2.5 择时—SPY—均线—50—200—2 倍杠杆策略的模拟结果

接下来我们比较一下这些策略在过去 13 年的模拟中的总收益率、复合年均增长率和最大回撤。

表 2.1　交易 SPY 的均线策略

SPY	总收益率	复合年均增长率	最大回撤
买入并持有	25.9	1.8	−55.4
择时—SPY—均线—200	40.8	2.7	−24.2
择时—SPY—均线—50—200	109.3	5.8	−17.0
择时—SPY—均线—50—200—2 倍杠杆	275.0	10.7	−31.7

图简便的投资者可能会被上表中的最后一行所诱惑。与买入并持有的基准策略相比，该策略有约 9% 的超额收益，并且最大回撤还小得多，在 13 年中只有 15 笔交易；这个策略看上去挺不错的。不过请别着急，本书后面会介绍更好和更安全的策略。

你可能会想，如果我们没有每天去检查均线和价格，择时策略是否还会维持盈利呢？

下表给出了在不同再平衡期（每天、每周、每四周）时的收益率和最大回撤。对于每四周再平衡的情形，我模拟了四个不同的起始日：2000 年 1 月 1 日、2000 年 1 月 8 日、2000 年 1 月 15 日和 2000 年 1 月 22 日。这样做是有必要的，因为四周再平衡可能会对起始日比较敏感。

表 2.2　不同再平衡期和起始日的择时—SPY—均线—50—200—2 倍杠杆策略

SPY	总收益率	复合年均增长率	最大回撤
每日	275.0	10.7	−31.7
每周	288.0	11.0	−33.0
每四周、起始日为 1 月 1 日	228.4	9.6	−37.6
每四周、起始日为 1 月 8 日	250.2	10.1	−39.5
每四周、起始日为 1 月 15 日	171.5	8.0	−35.0
每四周、起始日为 1 月 22 日	176.3	8.2	−36.9

在所有的时间维度下，这个策略的收益率和回撤都远比买入并持有策略更好。日频和周频再平衡之间的差异并不明显，而四周再平衡的结果则对起始日比较敏感，并且回撤和/或收益率都有显著的下降。

为使结果更具有现实意义，假设杠杆部分的借贷利率为 2%、交易费率为 0.1%，我对该策略重新进行了模拟。对于每周再平衡的情形，其复合年均增长率为 9.4%，最大回撤为 34%。

更长的期限

你可能会对上述结果持反对意见，因为就金融市场的历史而言，13 年的测试期只是一个很短的期限。

我们如何才能确信择时真的有用呢？

从历史的角度来看，认为该策略有效的看法是合理的。一些研究表明，相对于在 2000 年 1 月至 2013 年 1 月的结果，基于 200

日均线的择时策略在更长期中的结果会更好。

下面是标普500（含分红）1900年至2008年的结果，这些结果摘录于梅班·法贝尔在2009年发表的标题为《战术资产配置的一个量化方法》的论文①。

表2.3　考虑分红的标普500

标普500（考虑分红）	复合年均增长率	最大回撤	波动率	夏普比率
买入并持有	9.2	−83.7	17.9	0.29
择时	10.5	−50.3	12.0	0.54

法贝尔的假设与我的非常接近，但也存在不同。他每个月才检查一次均线，并且他的交易条件是最新价必须高于10月均线（这与日频框架下的200日均线比较接近）。事实上，如果使用双均线策略，并且每周检查一次的话，有很高的概率结果会更好。

这些数字表明，相对于2000年后的表现，策略在之前更长时间里的复合年均增长率会更好：在无杠杆的情况下，达到每年超过10%的水平。它们同样表明，提升杠杆并不是毫无风险的。在1929年危机时所发生的50%的回撤，会让这个策略难以存活。

---

①　Mebane Faber（2009），*A Quantitative Approach to Tactical Asset Allocation*，Social Science Electronic Publishing.——译者注

因此，如果不能合理地提升杠杆，为什么我们还要纠结于是否要进行择时呢，毕竟它相对于买入并持有策略，也仅仅只获得了 1.24% 的超额收益。

答案在于回撤。在类似 1929 年之类的危机中，你可能需要从投资组合中撤回部分资金。如果回撤"仅仅"是 50%，而不是 83%，那撤回资金就会相对容易一些。

那在因提升杠杆而导致爆仓的情形下呢？回想下凯利准则（我们之前计算过的），它可能只允许你将投资比例限制在不超过总资金 6% 的水平。

针对我首次发表的一篇关于该主题的教育性文章，有位读者留下了一份醒悟式的评论：

对于任何弯弯曲曲的线，后知后觉的你，总是可以找到一些规则来捕获它的上涨阶段。但这些规则对于该如何捕获未来的上涨阶段却只字不提。

对于该评论，我的回答是：

如果你找到某些方法能预测未来，请不要告诉我们。能找到这个自 20 世纪初以来就一直存在、存在正超额收益（alpha）的市场异象，我已经足够满意了。人性并不会改变，这些驱动市场的行为也不会改变。

多指数择时

由 5 个美股指数组成的组合

美股指数之间是强相关的，但并不相等。在本部分，我们将构造一个由以下指数组成的组合：

◇ 道琼斯工业平均指数（DIA）。
◇ 标普 500 指数（SPY）。
◇ 纳斯达克 100 指数（QQQ）。
◇ 标普中盘 400 指数（MDY）。
◇ 罗素 2000 指数（IWM）。
（括号中的代码为这些指数所对应的 ETF）

在 2000 年 1 月至 2013 年 1 月这段时间里，由这 5 个指数的 ETF 所组成的等权重组合，其业绩表现比单纯的标普 500 要高约 2%。（都包含分红）

策略定义：买入并持有—5 个指数

策略名称	买入并持有—5 个指数
资产	DIA、SPY、QQQ、MDY、IWM
模拟期	2000.1.1—2013.1.1
再平衡期	每年

头寸数量	5
最大规模	20%
交易规则	买入并持有
杠杆	1
交易费用	0.1%
业绩基准	标普500指数

图2.6　买入并持有—5个指数策略的模拟结果

这个策略对再平衡周期并不敏感,从日频到年频,复合年均增长率都维持在3.65%至3.75%之间(只交易标普500时的值为1.79%),回撤介于-54.1%至-54.6%之间。

下面我们采用两种不同的方法来应用之前提及的双均线择时规则。

第二章 择　时

◇ 单独应用。从 2000 年 1 月 1 日开始，对于每个 ETF，我每周都会检查一下交易条件。如果某个 ETF 符合熊市规则（50 日均线 <= 200 日均线），就将该 ETF 的头寸转换为现金。当 50 日均线 > 200 日均线时，再把它买回来。每个头寸都被限定为整个组合价值的 20%。

◇ 全局应用。仅检查该择时规则在标普 500 指数上的结果，再同时买入或卖出所有 ETF。

策略定义：对 5 个指数进行单独择时

策略名称	择时—单独—5 个指数
资产	DIA、SPY、QQQ、MDY、IWM
模拟期	2000.1.1—2013.1.1
再平衡期	每周
头寸数量	0 至 5
最大规模	20%
交易规则	50 日均线 > 200 日均线
杠杆	1
交易费用	0.1%
业绩基准	标普 500 指数

策略定义：对 5 个指数进行全局择时

策略名称	择时—全局—5 个指数
资产	DIA、SPY、QQQ、MDY、IWM
模拟期	2000.1.1—2013.1.1
再平衡期	每周
头寸数量	0 或 5
最大规模	20%
交易规则	针对 SPY（50 日均线 > 200 日均线）
杠杆	1
交易费用	0.1%
业绩基准	标普 500 指数

下表显示了自 2000.1.1 以来 13 年的模拟结果。

策略	总收益率	复合年均增长率	最大回撤
买入并持有—5 个指数	61.3	3.8	-54.2
择时—单独—5 个指数	64.4	3.9	-26.3
择时—全局—5 个指数	140.1	7.0	-17.9

在没有显著影响收益率的情况下，单独择时策略缩减了 48%（从 54.18% 下降至 26.30%）的最大回撤。而更简单的全局择时策略，则缩减了超过 60% 的最大回撤，并让年化收益率实现了翻倍。

这个例子说明了，更简单的策略可能会提升表现并降低风险。

如果你想计算下凯利准则,你会得到一个与之前例子非常接近的值。这并不意味着你可以分别将 6% 的钱投资于择时规则相同(或类似)的标普 500 策略和 5 个指数策略。它们只是将相同择时规则应用在美股上的两种形式。将双份的钱投资于同样的规则上,可能会增加破产概率,这违背了凯利的投资哲学。

行业组合择时

如果将相同的交易想法应用到行业指数上,会得到什么结果呢?

在所有可能的备选中,我从 iShares 公司发行的行业指数系列中选择了流动性最好的 11 个行业 ETF。

表 2.5　11 个行业 ETF

代码	ETF 名称	上市日
IYM	iShares 道琼斯美国基本金属	2000 年 6 月
IYC	iShares 道琼斯美国消费者服务	2000 年 6 月
IYK	iShares 道琼斯美国消费品	2000 年 6 月
IYE	iShares 道琼斯美国能源	2000 年 6 月
IYF	iShares 道琼斯美国金融	2000 年 5 月
IYH	iShares 道琼斯美国医疗保健	2000 年 6 月
IYJ	iShares 道琼斯美国工业	2000 年 6 月
IYR	iShares 道琼斯美国房地产	2000 年 6 月
IYW	iShares 道琼斯美国科技	2000 年 5 月
IYZ	iShares 道琼斯美国电信	2000 年 5 月
IDU	iShares 道琼斯美国公用	2000 年 6 月

由于上市日不同,并且我们需要用 200 个交易日的数据来计算 200 日均线,因此这部分的模拟期为 2001 年 6 月 1 日至 2013 年 1 月 1 日。

这里,我将用 3 种方式来应用双均线择时规则:

1. **策略定义:对 11 个行业进行单独择时**

自 2001 年 6 月 1 日起,我会每周对每个 ETF 都检查一次交易条件。如果 50 日均线<=200 日均线,则持有现金。如果 50 日均线 > 200 日均线,则买入 ETF。每份头寸都限定为总组合价值的 1/11。

策略名称	择时—单独—11 个行业指数
资产	IYM、IYC、IYK、IYE、IYF、IYH、IYJ、IYR、IYW、IYZ、IDU
模拟期	2001.6.1—2013.1.1
再平衡期	每周
头寸数量	0 至 11
最大规模	9.1%
交易规则	50 日均线 > 200 日均线
杠杆	1
交易费用	0.1%
业绩基准	标普 500 指数

2. **策略定义:对 11 个行业进行全局择时**

对标普 500 指数检查择时条件,然后同时买入或卖出所有 ETF。

策略名称	择时—全局—11 个行业指数
资产	IYM、IYC、IYK、IYE、IYF、IYH、IYJ、IYR、IYW、IYZ、IDU
模拟期	2001.6.1—2013.1.1
再平衡期	每周
头寸数量	0 或 11
最大规模	9.1%
交易规则	针对标普500（50日均线 > 200日均线）
杠杆	1
交易费用	0.1%
业绩基准	标普500指数

3. 策略定义：将单独择时和全局择时混合在一起，并取消 1/11 的限制

这意味着，如果标普500 的 50 日均线 <= 200 日均线，则全部出场。此外，如果标普500 的 50 日均线 > 200 日均线，则还需检查单独每个 ETF 的条件。对所有满足 50 日均线 > 200 日均线的 ETF，平均分配权重，而不是事先限定比例。

策略名称	择时—混合—11 个行业指数
资产	IYM、IYC、IYK、IYE、IYF、IYH、IYJ、IYR、IYW、IYZ、IDU
模拟期	2001.6.1—2013.1.1
再平衡期	每周
头寸数量	0 至 11
最大规模	100%

量化投资策略

交易规则	针对标普500（50日均线 > 200日均线），并且50日均线>200日均线
杠杆	1
交易费用	0.1%
业绩基准	标普500指数

下表显示了这些交易策略，以及相对照的买入并持有和先前介绍过的其他策略的结果。

表2.6　仅标普500、5个指数、11个行业指数的择时策略对比

策略	总收益率	复合年均增长率	最大回撤
SPY，买入并持有	43.9	3.2	−55.4
择时—SPY—均线—50—200	116.9	6.9	−17.2
择时—全局—5个指数	137.6	7.8	−19.5
11个行业指数，买入并持有	82.1	5.3	−55.7
择时—单独—11个行业指数	102.1	6.3	−17.3
择时—全局—11个行业指数	148.8	8.2	−17.5
择时—混合—11个行业指数	160.0	8.6	−17

在这段模拟期里，全局择时的效果比单独择时更好，而两者混合的版本，则会稍微更好一些。

需要重申的是：这些仅仅是最初的SPY择时策略的改进形式。不要把它们视为一个不同的、可应用凯利准则的策略。不过，下面介绍的内容则不同，因为它将引入一些相关性很低的资产类别。

全球资产组合择时

现在让我们来考虑下投资三种资产类别:

◇ 国债。
◇ 全球股票。
◇ 房地产。

国债可根据不同期限进一步细分,股票则对应于全球的不同地区。最终我选择了一个包含 7 个 ETF 的组合:

表 2.7　全球资产 ETF 组合

代码	ETF 名称	上市日
IEF	iShares 巴克莱 7~10 年期国债	2002 年 7 月
TLT	iShares 巴克莱 20+年期国债	2002 年 7 月
SPY	SPDR 标普 500	1993 年 1 月
IEV	iShares 标普欧洲 350 指数	2000 年 7 月
ILF	iShares 标普拉丁美洲 40 指数	2001 年 10 月
EPP	iSharesMSCI 亚太(不含日本)	2001 年 10 月
ICF	iShares Cohen & Steers 房地产	2001 年 1 月

由于上市日不同,以及我们计算 200 日均线所需数据的需要,我们的模拟期为 2003 年 6 月 1 日至 2013 年 1 月 1 日,也就是 9.5 年。

下面的两张表显示了两种每周将双均线择时规则单独应用于

量化投资策略

每个 ETF 时的策略。

1. 策略定义：对每份头寸施加总组合价值 1/7 的规模限制

策略名称	择时—7 种资产—受限制
资产	IEF、TLT、SPY、IEV、ILF、EPP、ICF
模拟期	2003.6.1—2013.1.1
再平衡期	每周
头寸数量	0 至 7
最大规模	14.3%
交易规则	50 日均线 > 200 日均线
杠杆	1
交易费用	0
业绩基准	标普 500 指数

2. 策略定义：无规模限制

策略名称	择时—7 种资产—无限制
资产	IEF、TLT、SPY、IEV、ILF、EPP、ICF
模拟期	2003.6.1—2013.1.1
再平衡期	每周
头寸数量	0 至 7
最大规模	100%
交易规则	50 日均线 > 200 日均线
杠杆	1
交易费用	0
业绩基准	标普 500 指数

下面我们对这两种策略,以及买入并持有和之前的其他策略在这段缩短的期限内的结果进行了比较。

表 2.8　对 7 种全球资产使用双均线规则

策略	总收益率	复合年均增长率	最大回撤
SPY,买入并持有	80.6	6.4	-55.4
择时—SPY—均线—50—200	111.0	8.1	-17.2
择时—全局—5 个指数	127.3	8.9	-19.2
择时—混合—11 个行业指数	154.2	10.2	-17.3
7 种资产,买入并持有	195.0	11.9	-45.8
择时—7 种资产—受限制	180.1	11.3	-11.4
择时—7 种资产—无限制	272.1	14.7	-17.9

即便是买入并持有策略,其收益率也比之前讨论的任何策略都高,不过回撤也比较高。有头寸限制的择时策略,其收益率没什么变化,不过回撤下降了 3/4。

无头寸限制的策略版本,则在付出更高回撤的代价下,获得了更高的平均收益。

下面是关于这两个策略版本的更现实和详细的比较。假设交易费率为 0.1%,杠杆的借贷利率为 2%。

表2.9 全球资产择时策略,无杠杆和2倍杠杆

策略	总收益率	复合年均增长率	最大回撤	索提诺比率	凯利准则	斯特林比率	最长回撤期
择时—7种资产—受限制	176.6	11.2	-11.4	0.84	0.20	0.52	90周
择时—7种资产—无限制	265.6	14.5	-18.0	0.88	0.19	0.52	88周
择时—7种资产—受限制—2倍杠杆	522.5	21.0	-21.9	0.96	0.19	0.66	91周
择时—7种资产—无限制—2倍杠杆	811.3	25.9	-34.5	0.90	0.18	0.58	88周

最激进的投资者可能会被无限制—带杠杆的策略版本所吸引,因为它的复合年均增长率最高。而最保守的投资者则可能会坚持无杠杆—受限制的策略版本,因为它的回撤最低,凯利比例最高。

客观地说,受限制—带杠杆的策略版本的风险调整业绩表现最佳,因为它的索提诺和斯特林比率都最高。

下图是该策略的模拟图:

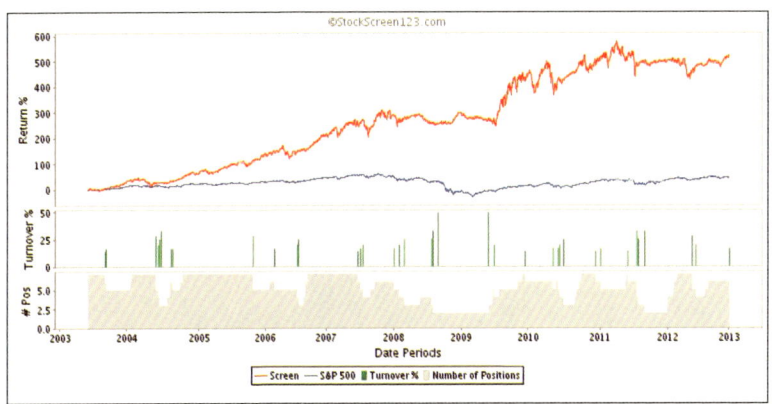

图 2.7　择时—7 种资产—受限制—2 倍杠杆策略的模拟图

> **注释**
>
> 　　我在第一章中曾说过，凯利准则并不会随杠杆变化而变化。但在考虑交易费用和借贷利率时，这个特征就不存在了。
>
> 　　如果你对这段相对短的模拟期（比 10 年短一点点）的结果并不是太相信，那不妨看看之前引用的 M. 法贝尔的论文。他用多个资产类别指数来模拟了一个类似的策略，模拟期从 1973 至 2008 年。他得到的无杠杆时的复合年均增长率超过 11%，回撤低于 10%。他的模型与我的模型有两个主要差异：我的模型没有包含商品，并且我更强调股票，在地区分散化和相对权重方面都是如此。

个股择时

　　下面我们将单独的、全局的和两者混合的择时规则应用于标普 500 的全部成分股上，就像我在之前介绍行业 ETF 时所作的那样。每份头寸都限制为总组合价值的 1/500。

下表显示了 2000 年 1 月 1 日到 2013 年 1 月 1 日期间每周再平衡时的结果。假设交易费率为 0.1%。

表 2.10　对标普 500 成分股应用双均线规则

	总收益率	复合年均增长率	最大回撤
SPY，买入并持有	25.9	1.8	−55.4
标普成分股，买入并持有	153.3	7.4	−57.9
标普成分股，单独择时	94.5	5.3	−20.7
标普成分股，全局择时	179.6	8.2	−22.4
标普成分股，混合择时	122.8	6.4	−16.3

单独择时规则，不管是单独用，还是混合用，收益率都不高。

单独使用全局择时规则时的收益率最高，而混合用的版本的回撤最小。

请不要对买入并持有标普成分股的结果与买入并持有 SPY 的结果之间的差异感到惊讶：模拟组合是等权重的，而标普 500 指数和 SPY 则不是。如果你想交易等权重的标普 500ETF，你可以了解下 RSP（瑞德克斯标普 500 等权 ETF，Rydex S&P 500 Equal Weight）。

结论

双均线规则对个股也是适用的。可能再加一些规则，就能构成真正有盈利能力的策略了。

如同之前在指数和行业上的结果一样：

◇ 该策略的主要效果是能显著降低回撤。
◇ 更简单的规则会更有效：针对指数的全局择时规则会得到更高的收益。

本章小结

◇ 我们展示了用 50 日和 200 日简单移动平均来设计的基本择时规则。
◇ 展示了一些关于美国股指、行业指数和全球资产的 ETF 交易策略。
◇ 在这些资产之中，过去时间里盈利能力最强的策略是关于全球资产的。
◇ 使用更长期数据来测试的相关文献表明，这种类型的策略可能对于长线投资者而言会相对安全。
◇ 我们也将同样的规则应用于标普 500 成分股上，发现该策略在交易行业指数或全球资产时的表现会更好。

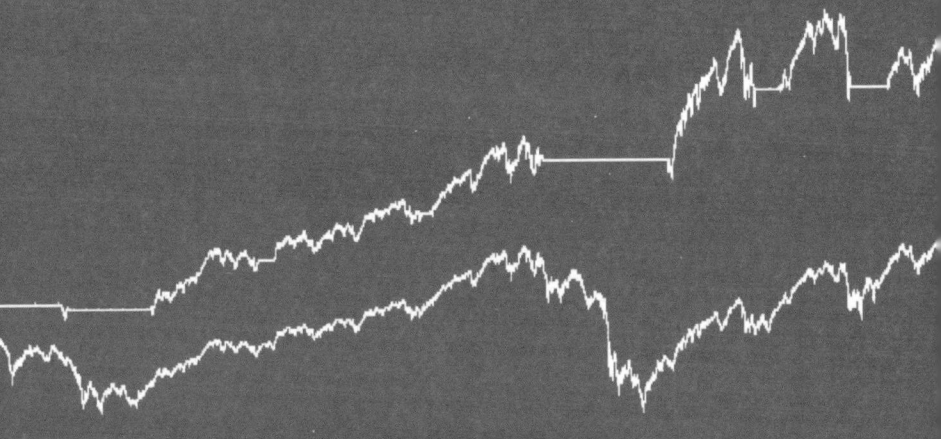

第三章 动　量

第一章中曾介绍过,"动量"这个词是指某种资产在特定时间周期内的收益率,或期末价格与期初价格之比。它是一个趋势指标。当我们用它对资产进行排序时,这两种方法是等价的。

在长期中,基本上有两种挣钱的方法:买低卖高(初学者都是以此开始的)和买高卖更高(在用第一种方法亏了钱之后,许多人会选择这种交易方式)。

趋势跟随是一种让人更舒服和可预测性更强的交易方式。接下来我会用之前定义的行业和大类资产ETF来交易这个策略。本章中还会介绍一种特殊、简单但有效的动量交易类别,即配对转换(paired switching)。

行业轮动

在为行业指数构建动量 ETF 策略时,我们需要回答两个问题:

◇ 计算动量的周期数是多少。
◇ 组合中的头寸数量是多少。

现有的研究和出版物表明,对于美国行业指数的长线交易而言,介于 20 个交易日和 1 年(约等于 250 个交易日)之间的任何动量周期,都是可行的。

对于头寸数量的问题,我们可以在动量排序中,只持有那些最好的行业,剔除掉那些最差的行业。

选择一种动量:我们可以先从关于行业的混合择时策略开始,不过此时只持有那些在 20 日、60 日、120 日和 200 日动量排序中最靠前的 6 个行业。下表显示了它们的测试结果,并且与作为基准的全行业组合择时策略进行对比。

表 3.1 前 6 个行业,与混合择时相对比

2001.6.1—2013.1.1	总收益率	复合年均增长率	最大回撤
11 个行业,混合择时	165.5	8.8	−17.3
前 6 个行业,200 日动量	154.6	8.4	−18.2
前 6 个行业,120 日动量	167.7	8.9	−16.9

| 前 6 个行业，60 日动量 | 146.3 | 8.1 | -16.6 |
| 前 6 个行业，20 日动量 | 195.4 | 9.8 | -16.0 |

20 日动量策略的收益率更高，回撤也更小。请注意，这里并没有尝试最优化：我只测试了几个时间间隔而已。因此也就不存在过度拟合的风险：它们所有的复合年均增长率都介于 8% 和 10% 之间。

头寸数量选择

接下来，让我们来看看最大头寸数量不同时，结果会怎样变化。

表3.2 20日动量，混合择时

2001.6.1—2013.1.1	总收益率	复合年均增长率	最大回撤
前 1 个行业	3.6	0.3	-29.5
前 2 个行业	96.3	6.0	-22.7
前 3 个行业	137.4	7.7	-20.3
前 4 个行业	167.0	8.8	-17.2
前 5 个行业	181.8	9.4	-16.9
前 6 个行业	195.4	9.8	-16.0
前 7 个行业	192.5	9.7	-17.2
前 8 个行业	177.4	9.2	-17.5
前 9 个行业	184.2	9.4	-17.36
前 10 个行业	170.2	9.0	-17.6

之所以用"最大"这个词，是因为在交易排名前 N 个行业组合中的实际头寸数量为 N 或更小（因为我们还要检查单个行业的择时规则是否满足）。

当 N 大于等于 4 时，它们的收益和回撤与交易 11 个行业的基准策略差不多，或者更好一些。在头寸数量介于 4 和 11 之间时的测试结果非常稳定，这是一个好事情。这意味着，我们所选择的动量周期，并没有对模拟期中特定行业的行为存在过度拟合。

行业数为 6 时的结果最好：它的收益最大，回撤也最小（回撤的绝对值最小）。不过，改善的幅度并不大：相对于交易 11 个行业的基准策略，它的收益率和回撤只分别提升了 1% 和 1.3%。

事实上，策略表现还有改善的空间。

包含债券时的增强表现

别忘了，当标普 500 的 50 日均线小于等于 200 日均线时，我们的组合会出场。这是个全局性的择时规则。在这段时间里，我们可以不持有现金，而是投资于一个债券 ETF。

这里我用的是 IEF（iShares 巴克莱 7~10 年期国债 ETF）。由于它的上市日为 2002 年 7 月，因此我们的模拟期缩短了一年零两个月。

下表显示了策略中包含和不包含 IEF 时的对照结果。为了让测试更具有现实意义，假设手续费率为 0.1%。请记住，所有这些 ETF 的流动性都是非常好的。

表 3.3　前 6 个行业，20 日动量，混合择时

2002.8.1—2013.1.1	总收益率	复合年均增长率	最大回撤	索提诺比率	凯利准则	斯特林比率	最长回撤期
前 6 个行业	152.0	9.3	-16.2	0.47	0.16	0.35	88 周
前 6 个行业，包含 IEF	234.9	12.3	-16.2	0.79	0.17	0.47	62 周

包含 IETF 后，策略的总收益率、索提诺比率和最长回撤期都有了极大的改善。

策略定义：前 6 个行业—20 日动量—混合择时—包含 IEF

策略名称	行业—前 6—IEF
资产	IEF、IYM、IYC、IYK、IYE、IYF、IYH、IYJ、IYR、IYW、IYZ、IDU
模拟期	2002.8.1—2013.1.1
再平衡期	周频
头寸数量	1 至 6
最大规模	100%
交易规则	如果标普 500 的 50 日均线 <= 200 日均线，则持有 IEF；否则则持有同时满足 20 日动量排名前 6，且 50 日均线 > 200 日均线的行业指数
杠杆	1
交易费用	0.1%
业绩基准	标普 500 指数

下面是模拟的资金曲线图：

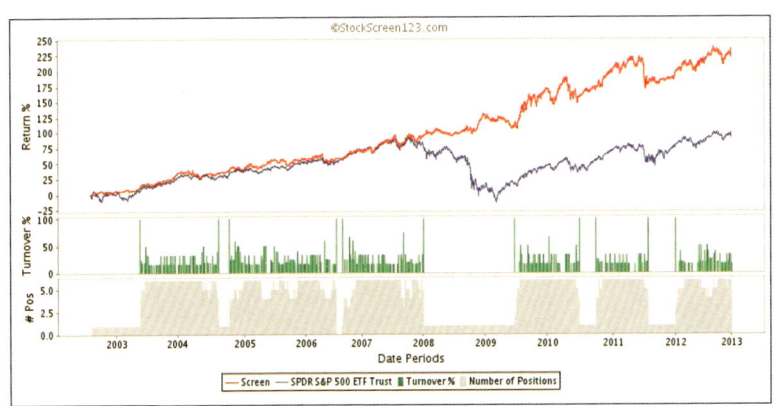

图 3.1 行业—前 6—IEF 策略的模拟资金曲线图

我们可以发现，不管其他规则如何，单独的择时规则都会被应用，对于所有资产（股票或债券）都是如此。这就解释了为什么在 2006 年中的一个很短的时间里，组合是完全空仓的。在这段时间里，标普 500 和 IEF 的 50 日均线都低于 200 日均线。

还请注意，根据在上一章中设定的规则，头寸规模没有限制。例如，如果股票的全局择时规则为牛市，选择 6 个行业来考察动量，但只有其中 4 个通过了单独的择时规则，那么组合中将有 4 份头寸，每份 25%。如果全局择时为熊市，则整个组合都会投资于债券 ETF。

调整再平衡周期

周频再平衡可能太频繁了，该策略在四周频再平衡时同样有效，只是表现有所降低。不同的起始日，结果会有所不同。它们中最小的复合年均增长率为 10.5%，最大的回撤为 -22.5%。

全球资产轮动

在尝试了行业指数之后，接下来让我们看看该策略在另一组 ETF（全球资产）上的表现。

策略的第一步仍是确定动量周期和资产数量。

选择动量

在行业测试中，我们选择了大约一半的 ETF 来交易，在我看来，这对于全球资产并不合适。在这种情况下，我喜欢只去掉 1 个，而保留排名靠前的 6 个。先前我们知道，头寸规模有限制的策略版本（设置每份头寸不超过 1/7 的限制），是一个加杠杆的不错选择。我希望维持这个限制：对于包含前 6 个动量资产的组合，在每次再平衡时，限制其头寸规模为总组合价值的 1/6。

表 3.4 前 6 种全球资产，不同动量周期，限制头寸规模，总是择时

2003.6.1—2013.1.1	总收益率	复合年均增长率	最大回撤
择时—7 种资产—有限制	180.1	11.3	-11.4
前 6 种资产，200 日动量	215.3	12.7	-12.5
前 6 种资产，120 日动量	230.6	13.3	-11.8
前 6 种资产，60 日动量	205.8	12.4	-12.4
前 6 种资产，20 日动量	145.1	9.8	-11.8

在这个例子中，更长期的动量，结果会更好。在多个动量周期（至少从 60 日到 200 日）中，交易前 6 种资产的策略的表现，都比基准要好。最好的测试结果出现在 120 日动量（约 6 个月）上。

选择头寸数量

接下来，让我们来测试下组合的最大头寸数量。

表 3.5 前 N 种全球资产（N 为 1 至 6），120 日动量，
头寸规模限制为 1/N

2003.6.1—2013.1.1	总收益率	复合年均增长率	最大回撤
前 1 种资产，有限制	553.4	21.6	-28.3
前 2 种资产，有限制	321.6	16.2	-23.7
前 3 种资产，有限制	330.0	16.4	-19.1
前 4 种资产，有限制	298.9	15.5	-15.2
前 5 种资产，有限制	292.6	15.3	-13.7
前 6 种资产，有限制	230.6	13.3	-11.8

与行业测试的结果不同，在交易全球资产时，选择排名最佳的 ETF 来交易时的结果最好。我们已经知道，在考虑加杠杆的可能性时，收益最佳的策略不一定是最好的策略。根据这个观点，交易前 5 种资产的策略具有非常优秀的特征。

其最大回撤低于复合年均增长率。平均收益率高于 15%，使其成为一个具有盈利能力的策略，而最大回撤低于 14%，这让进

取型的投资者能够提高杠杆。

下面是有杠杆和无杠杆策略版本的详细对比。这里我还包含了无头寸规模限制的策略版本的最优选择,即前4种资产(动量周期同样为120日)。

表3.6 前N种全球资产策略的多种变形

2003.6.1—2013.1.1	总收益率	复合年均增长率	最大回撤	索提诺比率	凯利准则	斯特林比率	最长回撤期
前5种资产,有限制	277.1	14.9	-13.7	0.96	0.20	0.63	88周
前5种资产,有限制,2倍杠杆	943.9	27.7	-26.2	1.03	0.19	0.76	91周
前4种资产,无限制	331.1	16.5	-17.9	0.94	0.18	0.59	88周

在模拟期足够长,并覆盖了牛市和熊市的情况下,索提诺比率接近1,并且凯利比率接近0.2,这都表明了策略的稳健性。这些值越高,效果越好。

策略定义:前5种资产—120日动量—2倍杠杆

策略名称	资产—前5—2倍杠杆
资产	IEF、ETT、SPY、IEV、ILF、EPP、LCF
模拟期	2003.6.1—2013.1.1

第三章 动　量

再平衡期	周频
头寸数量	0 至 5
最大规模	20%
交易规则	在所有资产的 120 日动量中排名前 5，并且其自身的 50 日均线>200 日均线
杠杆	2
交易费用	0.1%
业绩基准	标普 500 指数

下面是这个前 5—有限制—有杠杆的策略版本的模拟资金曲线。

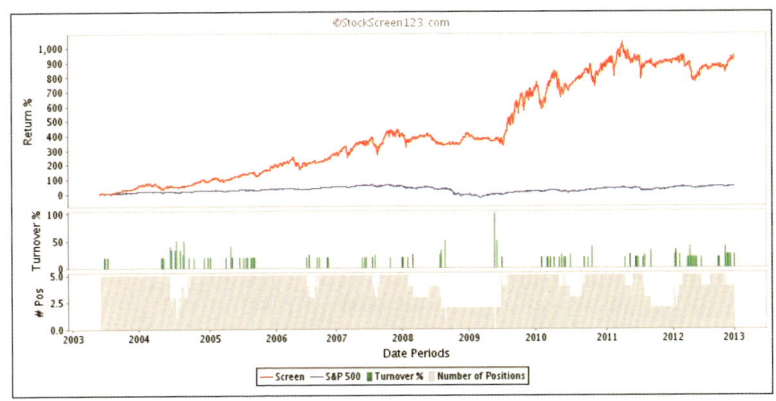

图 3.2　资产—前 5—2 倍杠杆策略的模拟资产曲线

该策略在月频再平衡时同样有效。我们用 4 个连续的起始周，对四周再平衡策略进行了测试，它们中最小的复合年均增长

— 61 —

率为 25.5%，最大的回撤为 –31%。

配对转换

配对转换是指基于近期的表现或其他合适的准则，而投资于两种负相关的资产。一般每月或每季度进行准则的评估和决定转换与否。

配对转换与配对交易完全不同。配对交易是交易两种相关的（或协整的）资产，试图发掘两者行为上的不一致性。

当配对转换的判断准则是近期的总收益（或最近多期总收益的组合）时，它就落入了动量策略的范畴。

选择两个 ETF

实施配对转换的最简便方法是选择一个股指 ETF 和一个国债 ETF 来作为负相关资产。下表显示了用 TLT（作为债券 ETF）和 5 个不同的股指 ETF 组合时的模拟结果。假设如下：

策略定义：根据 60 日动量，对 TLT 和多个股指进行配对转换

◇ 组合中同一时间只有一种头寸。
◇ 组合中的资产为最近 60 个交易日中收益率最高的 ETF。
◇ 再平衡期为四周，起始日为 2002 年 8 月 1 日。
◇ 交易费率为 0.1%。

策略名称	配对转换—股指—TLT
资产	一个股指 ETF 和 TLT
模拟期	2002.8.1—2013.1.1
再平衡期	4 周
头寸数量	1
最大规模	100%
交易规则	在 TLT 和股指 ETF 中，选择 60 日动量最大的 ETF 来持有，1 倍杠杆
交易费用	0.1%
业绩基准	标普 500 指数

表 3.7 配对转换—股指—TLT 策略在不同股指 ETF 时的结果

股指 ETF	总收益率	复合年均增长率	最大回撤	索提诺比率
DIA	188.9	10.7	-16.9	0.65
SPY	231.8	12.2	-177	0.74
QQQ	243.8	12.6	-32.0	0.67
MDY	463.9	18.1	-22.9	1.12
IWM	399.0	16.7	-23.7	0.92

我们再一次看到，这些指数并不是完全相同的。策略在使用 MDY 这一中盘 ETF 时的表现是相当不错的：收益率超过 15%，索提诺比率高于 1，这非常不错，特别是对于这个非常简单的策略而言。

在相同的时段内，单独持有 MDY 和 TLT（不转换）的年化收益率分别为 9.89% 和 8.14%，最大回撤为 -55.37% 和 -27%。作为一个月频策略，它可能对起始日非常敏感。我测试了间隔期为 1 周的四个不同起始日。为简便起见，这里没有列出详细的测试结果。它们的收益率介于 17.8% 和 22% 之间，回撤为 18% 和 27% 之间。根据我数千次模拟的经验，这些结果在再平衡期为 4 周时会同样稳定。而大多数月频策略则会对起始日更敏感。

新兴市场

接下来我们再用新兴市场的 ETF—EEM 来测试一遍。

根据定义，新兴意味着其增长能力会比全球基准更好。这就是另一个偏差了。EEM 在 5 年、10 年或 20 年之前的成分可能和现在并不相同。大多数指数和 ETF 都是在动态变化的。不过 EEM 已经专注于在全球范围内搜寻新兴经济体中的新兴公司了。未来，一些新兴经济体会步入发达经济体的行列。那么，除了用 EEM 替代美国股指之外，我是否还应该用新兴国家主权债的 ETF（例如，PCY 或 EMB）来替代国债 ETF（TLT）呢？

答案是：完全不用。在全球资产组合中，新兴主权债是一种很有价值的资产，但它与股票是正相关的，这与我们的投资目标并不相符。

下表显示了基于以下假设的模拟结果：

◇ 测试期为 2003 年 5 月 1 日（由于 EEM 上市日的缘故）至 2013 年 2 月 15 日。

◇ 选择最近 60 日收益率最高的 ETF。

◇ 每 4 周再平衡。

◇ 交易费率为 0.1%。

由于它是一个月频策略，因此必须至少测试 4 个起始日。

表 3.8 配对转换—股指—TLT 策略在用 EEM 作为股指 ETF 时的结果，不同起始日

EEM/TLT	总收益率	复合年均增长率	最大回撤	索提诺比率
2003.5.1	728.7	24.1	-29.5	1.13
2003.5.8	710.6	23.9	-31.1	1.19
2003.5.15	507.7	20.3	-27.7	0.98
2003.5.22	540.3	21.0	-23.9	1.02

在相同的测试期中，持有 EEM 和 TLT 的复合年均增长率分别为 16.2% 和 7.2%，而最大回撤则为 -64.3% 和 -27%。

因此，相对于仅持有 EEM，该策略显著地改善了收益率，并且将非常大的回撤转换为一个尚可接受的值。

注意：特殊的股票 ETF 并不是进行配对转换的好选择。例如，配对转换在交易诸如 MDY 和 EEM 等包含多个行业的 ETF 时的表现，会比在交易单行业 ETF 时要好一些。

三资产转换

三资产转换与配对转换类似，只是此时你需要在三个 ETF 间

做决策。

下面是一个使用 TLT、MDY 和 EEM 进行三资产转换的例子，所用假设与之前的类似：

策略定义：根据 60 日动量，对 MDY、EEM 和 TLT 进行三资产转换

◇ 测试期为 2003 年 5 月 1 日至 2013 年 2 月 15 日。
◇ 选择最近 60 个交易日中收益率最高的 ETF。
◇ 再平衡期为 4 周。
◇ 交易费率为 0.1%。

策略名称	三资产转换
资产	MDY、EEM 和 TLT
模拟期	2003.5.1—2013.1.1
再平衡期	四周
头寸数量	1
最大规模	100%
交易规则	选择 60 日动量最大的 ETF 来持有
杠杆	1
交易费用	0.1%
业绩基准	标普 500 指数

下表显示了 4 个不同起始日的模拟结果。

表 3.9 不同起始日的三资产转换

三资产转换	总收益率	复合年均增长率	最大回撤	索提诺比率
2003.5.1	1059.6	28.4	-30.9	1.40
2003.5.8	939.7	27.1	-28.5	1.45
2003.5.15	800.2	25.3	-26.1	1.31
2003.5.22	1101.5	29.1	-23.9	1.50

下面是第一个起始日的详细结果：

表 2.10 三资产转换的详细结果

指标名	指标值
总收益率	1059.6%
复合年均增长率	28.4%
最大回撤深度	-30.9%
最长回撤期	21 个月
索提诺比率	1.4
平均 4 周收益	4.7%（保留 2 位小数）
平均 4 周损失	-3.7%（保留 2 位小数）
实证胜率（P）	68.5%
置信度为 95% 时的统计学胜率（P95）	60%，这意味着真实概率有 95% 的可能性会高于 60%
凯利准则	44%（若使用 P95 来计算，则为 27%）

总之，三资产转换策略有非常好的统计特征，但它的最长回撤期接近两年，这对于有中期目标的投资者而言，可能是个障碍。

小结

对于双资产和三资产转换策略,我们做个小结:只要股票和债券还继续是负相关的,这些策略的表现就会在长期中持续超越这两种资产类别。不管股市或债市是牛市还是熊市。配对转换策略是一种系统化的、设计来捕捉这两种资产中最强资产的策略。不过,过去的结果并不代表未来。

这个策略是否适用于个股呢?

为了评估这个策略在个股上的表现,我从交易标普500全部成分股的混合择时策略开始,正如我们在第二章的最后所描述的那样(个股择时部分)。我选择了动量排序中的前100只股票。头寸规模被限制为1%,滑价和手续费率假设为0.2%。我测试了几个常见的动量周期。比较基准为针对全部成分股的混合择时策略(参见上一章)。

表3.11 标普500成分股的前100只股票,不同动量周期,混合择时规则

6/1/2001—2013.1.1	总收益率	复合年均增长率	最大回撤
基准:500只股票择时	118.4	6.2	-16.5
前100只股票,200日动量	84.9	4.8	-21.5
前100只股票,120日动量	53.9	3.4	-26.8
前100只股票,60日动量	40.5	2.7	-23.5
前100只股票,20日动量	8.8	0.7	-24.4

这个策略的表现并不好。动量周期越短，收益率越低。

本章小结

◇ 展示了针对行业和全球资产的不同动量 ETF 策略。
◇ 测试了策略在过去 10 年里，不同动量周期和 ETF 数量时的表现。
◇ 将动量排序和选择作为择时的补充。
◇ 对于行业 ETF，使用 20 日动量和 6 个行业时表现最好。对于全球资产，使用 120 日动量和 5 种全球资产时表现最好。
◇ 将债券加入交易股指和行业的策略中，以增强策略表现。
◇ 配对转换和三资产转换策略是一种简单的策略，它们可以作为动量策略的有效补充。
◇ 同样的方法在应用于标普 500 成分股时的结果并不好。

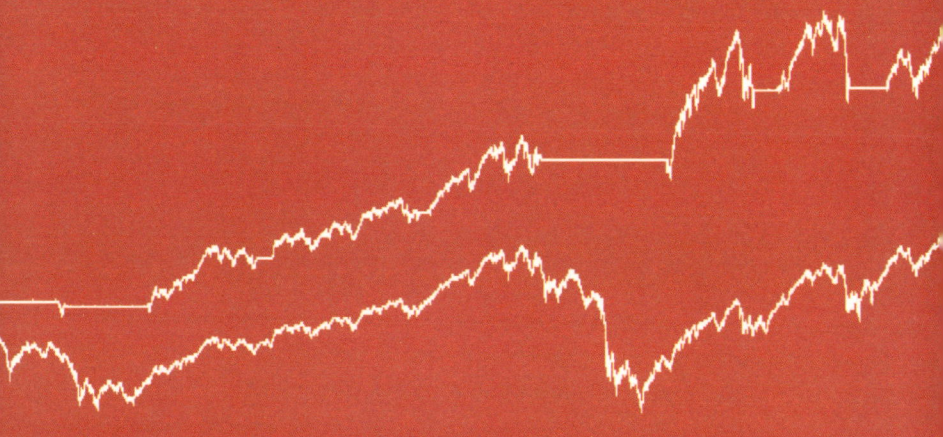

第四章 季节性模式

　　本章将介绍本书涉及的第三种市场异象——年度周期。首先我们会介绍有关的最新学术研究成果，接下来将两季节和四季节模式应用于一个分散化的股指组合。然后再重点考察下股票市场上的年末效应。我们还介绍了一个应用于两个行业的、三季节模式的策略。最后则是对所有资产类别中所存在的月频模式的一个概览。

第四章 季节性模式

唯一一个回测期超过 319 年的策略

大多数人类活动都存在季节性周期。股票市场中的季节性周期并不是每年都会有效,但在长期中则确实非常有威力。

你可能已经听说过以下四种效应了:

- **在 5 月卖出并离场** 这句古老的谚语是说,在 5 月至秋季的时段里,股市的表现都不会太好。
- **万圣节效应** 股市会在 11 月重新变好,而上涨可能会刚好发生在万圣节前。5 月卖出和万圣节效应都是指同一年中的两个操作:第一个是告诉你何时出场,第二个则是何时入场。
- **圣诞节上涨** "在圣诞节之后和新年之前的这一周里,股价常常会上涨。"(摘于投资百科)
- **1 月效应** "是指股价会在 1 月的前几天上涨这一历史模式。研究表明,这一效应只对小市值股票有效。"(摘于纳斯达克网站)。

万圣节效应

这一节将考察万圣节效应。

万圣节效应是指,股市中的所有正收益,都发生于自 11 月 1 日至 4 月 30 日之间的 6 个月里,而在 5 月 1 日至 10 月 31 日的时段里,则最好出场。

但这句话仅仅是个传说,还是确实有效呢?

对于这个主题,发表过大量的研究文章,一般都使用了有偏差的数据,并进行了没有信服力的解释。直到最近,都没有一份严谨的研究能证明:日历也可能是最佳的量化指标之一。

2012年后期,来自梅西大学的本·雅各布森(Ben Jacobsen)和彻丽·Y. 张(Cherry Y. Zhang)发表了两篇杰出的文章:《月频季节性效应是真的吗?来自三个世纪的观点》和《万圣节指标:所有地方和所有时间》①。这两篇文章是针对怀疑论者的致命武器。他们收集了自1693年起、来自108个国家的数据,发现夏季和冬季之间的不一致表现,不仅在所获得的股市历史数据中存在,还在全球范围内都存在,并且在最近的几十年里休现得更为明显。我建议任何参与股市的投资者都应该读一下这两篇学术论文。关于统计的深度结果,可以在这些论文中找到。

下表显示了不同数据源的月频平均收益率。第一列为雅各布森和张的论文中最重要数据的总结,第二和第三列则根据在线数据源得到,第四列为我的分析所得到的结果。与雅各布森的方法类似,我把"冬季"视为11月至来年4月的这段时间,而"夏

---

① 这两篇论文的英文名分别为:*Are Monthly Seasonals Real? A Three Century Perspective*,*The Halloween Indicator:Everywhere and all the time*。这两篇论文都可以在社会科学研究网(www.ssrn.com)上找到。

季"则为 5 月至 10 月这段时间。

表 4.1 1693 年以来，不同时段内的月频和季节性平均收益率（%）

	316 年[1] 1693—2009	82 年[2] 1929—2011	50 年[2] 1961—2011	14 年[3] 1999—2012
1 月	0.69	1.00	1.20	−1.60
2 月	0.09	0.00	0.00	−1.30
3 月	−0.03	0.40	1.10	2.70
4 月	0.49	1.40	2.00	2.70
5 月	0.02	−0.20	−0.10	−0.80
6 月	−0.12	0.50	−0.60	−1.22
7 月	−0.31	1.50	0.90	0.34
8 月	0.44	0.80	0.20	0.39
9 月	−0.49	−1.30	−0.80	−1.28
10 月	−0.50	0.00	0.50	1.32
11 月	0.35	0.80	1.20	1.20
12 月	0.81	1.50	1.50	2.60
冬季	2.42	5.20	7.20	6.36
夏季	−0.96	1.28	0.09	−1.27
全年	1.44	6.55	7.29	5.01
冬季—夏季差异	3.38	3.92	7.11	7.63

（1）根据雅各布森的全球金融数据指数计算。
（2）根据道琼斯工业平均指数计算。
（3）根据 SPDR 道琼斯工业平均（DIA）计算。

一年中，最好的交易月份是 4 月和 12 月，近些年还包括 3 月。而 5、6 和 9 月的表现最差。9 月是唯一一个在 4 个时段里收益均为负的月份。请注意，1 月在历史上属于表现最好的月份之一,但在最近14年里则是最差的月份。据此我们至少可以说,1月效应在1999至2012年的时段里是无效的,美国大盘指数和小盘指数在这个月里都是负的平均收益。

雅各布森和张还发现,就冬季的平均收益而言,美国股市是所有发达国家中表现最好的市场之一。

下面的几个图显示,1950至2011年间,在5月至10月里出场,能避免10%的损失,回避掉大的回撤。完整的数据序列可以在附录中找到。

前两个图为在每年的11月1日至4月30日里持有道琼斯指数,并在该年的其余时段里退出市场时的总收益和回撤。年度是用1(1950)至61(2011)的数字来表示的。回撤则在季末的时候计算。这意味着,季度内的真实回撤,可能会比图中显示的更糟。

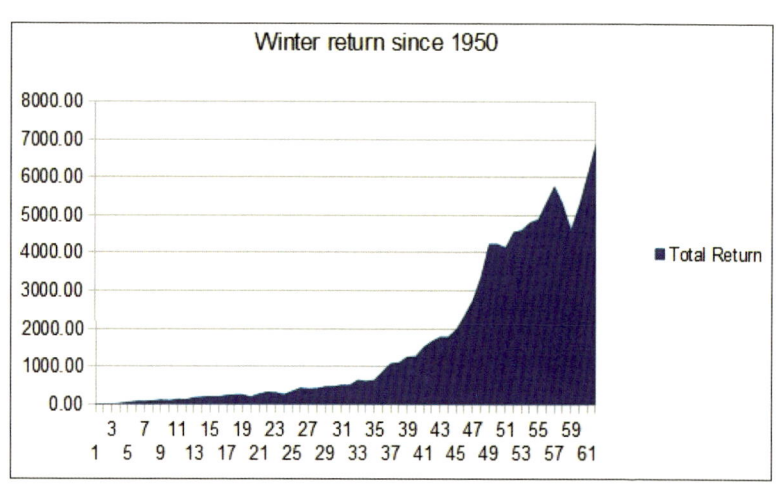

图4.1 在1950—2011年11月至4月里持有道琼斯指数的累积收益

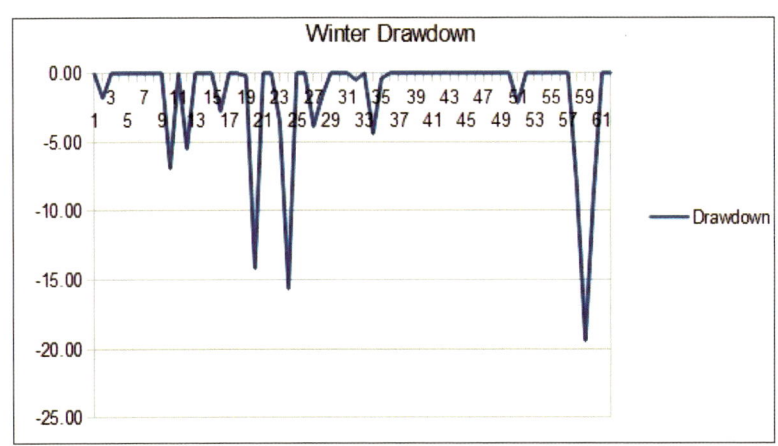

图 4.2 在 1950—2011 年 11 月至 4 月里持有道琼斯指数的累积回撤

下面的两个图为在每年的 5 月 1 日至 10 月 31 日里持有道琼斯指数的累积收益和回撤。

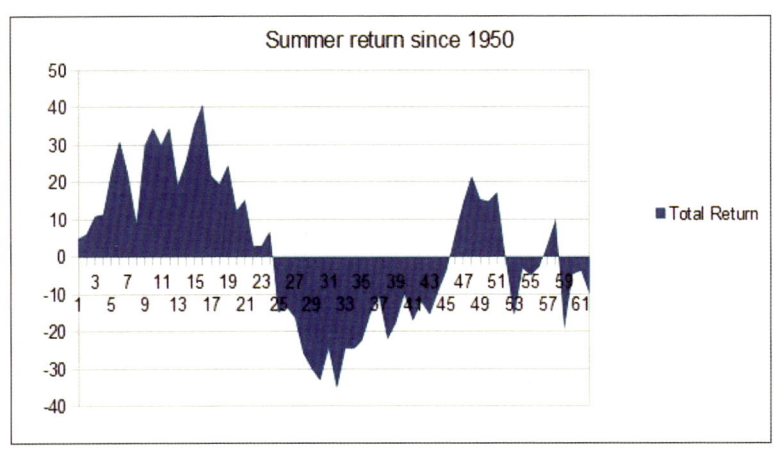

图 4.3 在 1950—2011 年 5 月至 10 月里持有道琼斯指数的累积收益

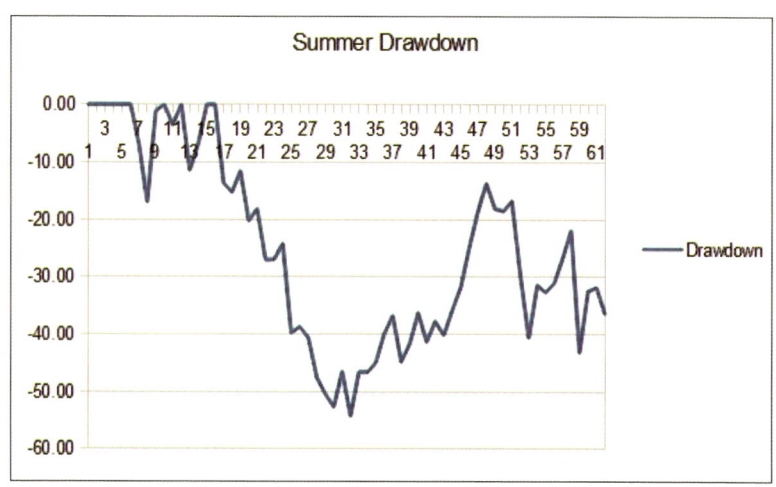

图 4.4 在 1950—2011 年 5 月至 10 月里持有道琼斯指数的累积回撤

两季节策略

雅各布森和张的研究表明，并不是所有国家的股市都体现出相同的季节性模式。事实上，在 108 个国家中，有 26 个国家存在反向的模式，在夏季时表现更好。下面列出了这些国家所在的地区：

欧洲：芬兰、塞浦路斯、保加利亚、斯洛文尼亚、马其顿、黑山；

中美洲：智利、秘鲁、萨尔瓦多、厄瓜多尔、巴拉圭、委内瑞拉、巴巴多斯；

第四章　季节性模式

非洲：博茨瓦纳、坦桑尼亚、赞比亚、毛里求斯；
亚洲：格鲁吉亚、孟加拉国、斯里兰卡、蒙古、尼泊尔；
中东：科威特、黎巴嫩、伊朗、叙利亚。

为了阐述我们首个季节性策略，我想选择一个发达市场和一个新兴市场来测试。我的标准是这个国家和地区的政治稳定性、存在有充足流动性的 ETF、冬季收益[①]的平均值比较高（根据雅各布森论文的结果）。

我的选择是新加坡和巴西。下面是相关的 ETF 产品：

◇ EWS：iShares MSCI 新加坡指数（上市日为 1996 年 3 月 11 日）
◇ EWZ：iShares MSCI 巴西指数（上市日为 2000 年 7 月 9 日）

事实上，巴西周围其他国家的股市，是所有市场中对季节变化最为敏感的。这表明，南半球的月频模式也是类似的。只是巴西股市是正向模式，其他的为反向模式。

该策略的首个版本是，在每年的 11 月 1 日至来年的 4 月 30 日，等量持有 EWS 和 EWZ，并在 5 月 1 日全部卖掉，然后持有现金至 10 月 31 日。在每年的 11 月 1 日，上个冬天所实现的盈亏和收到的股息会被重新投资于这个等权重组合。

---

① 原文此处为夏季收益，疑有误。——译者注

下图显示了该策略（用红线表示）自 2001 年 8 月 1 日起的模拟结果，相对照的是持有 SPY（用蓝线表示），假设交易费率为 0.1%。

图 4.5　在 11 月至 4 月里投资 EWS 和 EWZ 的累积收益

从 1 月 1 日开始算的话，会有亏损的年度。但如果按两个连续夏季之间的 12 个月算的话，在过去的 11 年里，每一年都是盈利的。复合年均增长率为 14.85%，最大回撤为 -24.32%，索提诺比率为 0.48。

对比一下美国市场，下图是在 SPY 上进行相同的季节性轮换时的结果：

图 4.6　在 11 月至 4 月里投资 SPY 的累积收益

此时的复合年均增长率为 5.37%，最大回撤为 -33.43%，这比单纯持有 SPY 时的收益率会高一些，波动也更小一些。不过相对于新加坡—巴西组合的结果，则差远了。

此外，在整个周期里一直持有 EWS 和 EWZ 的平均收益（16.56%）会稍微高一点，但回撤（-63.21%）就非常大了。这与之前介绍的择时策略一样，季节性策略的优势并不在于增加收益，而是回避严重的回撤和降低组合的波动率。

加入债券来增强业绩

在夏季的月份里，我们可以将闲置资金投资于一个相对低风险的资产中，从而显著地提高收益。这种资产可以是债券、美元指数或 REITs，这取决于当时的宏观经济环境。下面是在冬季时投资于 EWS 和 EWZ，在夏季时投资于 TLT 时的模拟结果（回测期开始于 2002 年 8 月 1 日，以匹配 TLT 的上市日）。同样假设交易费率为 0.1%。

策略定义：交易新加坡股市、巴西股市和债券的两季节模式

策略名称	两季节—EWS—EWZ
资产	EWS、EWZ、TLT
模拟期	2002.8.1—2013.1.1
再平衡期	5 月和 11 月的第一天
头寸数量	1 或 2
最大规模	100%

交易规则	在 5 月 1 日至 10 月 30 日时持有 TLT 在 11 月 1 日至 4 月 30 日时等权持有 EWS 和 EWZ
杠杆	1
交易费用	0.1%
业绩基准	标普 500 指数

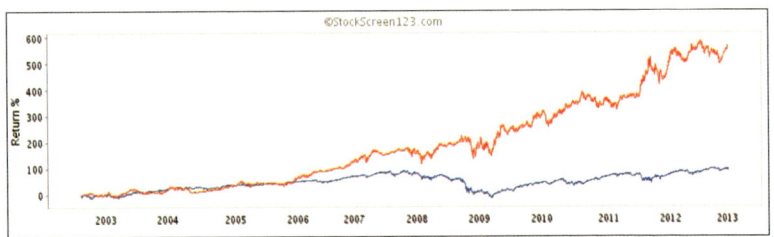

图 4.7　两季节—EWS—EWZ 策略的模拟结果

该策略的复合年均增长率为 20.5%，最大回撤为 -27.1%，索提诺比率跃升为 0.89。相对应的，在这个更短的测试期里，不持有 TLT 的策略版本的复合年均增长率为 13.3%，最大回撤为 -24.3%，索提诺比率为 0.42。

我建议在选择夏季资产时，需要考虑当时的宏观环境。长期国债并不是一个在任何时候都安全的资产。如果在选择夏季资产时存在疑虑，那最好还是持有现金。

请注意，这里我并没有计算季节性策略的凯利准则。这并不是因为偷懒，而是当你只下注 10 次、每年 1 次时，赌博理论的结论并没有什么意义。

四季节策略

面对季节性分析的结果,我得到了以下结论:

◇ 在 1999 至 2012 年间,1 月是表现最差的一个月,这不仅在美国发生。即便它在一个更长的时段里是正的,我也不想在这段时间里入场,毕竟在至少连续的 14 年里,市场在这个月里的表现都不佳。
◇ 2 月在很长时间里都没有获得过正收益,在最近的时段里,甚至变得非常负。
◇ 尽管在 2008 年 10 月里股市下跌了很多,但在至少 50 年里,10 月都能获得正的平均收益,在 1999 至 2012 年里,它是全年中表现排名前四的月份。

因此,接下来的一个想法就是,将 1 和 2 月从先前的持股季节中排除,加入 10 月。这就得到一个四季节交易框架:

◇ 1 和 2 月:持有现金或低风险资产。
◇ 3 和 4 月:持有股票。
◇ 5 至 9 月:持有现金或低风险资产。
◇ 10 至 12 月:持有股票。

策略定义:交易不同股指和债券的四季节模式

量化投资策略

策略名称	四季节
资产	一个股指 ETF 和 TLT
模拟期	2002.8.1—2013.1.1
再平衡期	对于头寸1：1月1日、3月1日、5月1日和10月1日
最大规模	100%
交易规则	在1月1日至2月28或29日时持有TLT——在3月1日至4月30日时持有股指ETF——在5月1日至9月30日时持有TLT——在10月1日至12月31日时持有股指ETF
杠杆	1
交易费用	0.1%
业绩基准	标普500指数

下面我列出了在股市好的季节里持有不同股指 ETF 时的结果。这里把 TLT 作为安全资产而在股市差的季节里持有。

下表显示了四季节策略在分别用 SPY、DIA、QQQ 和 EWG 来交易时的表现，以及分别"买入并持有"每种 ETF 和黄金（GLD：SPDR 黄金信托凭证）时的结果。

表4.2 四季节策略在交易不同股指 ETF 时的表现

2002.8.1—2013.1.1	总收益	复合年均增长率	最大回撤	索提诺比率
四季节策略				
SPY	441.7	17.6	−35.5	0.82
DIA	451.6	17.8	−31.8	0.90
QQQ	586.1	20.3	−35.0	0.96

EWG	1132.0	27.2	-38.4	1.08
买入并持有				
SPY	98.4	6.8	-55.4	0.17
DIA	98.5	6.8	-51.8	0.18
QQQ	202.6	11.2	-52.4	0.38
EWG	162.3	9.7	-63.9	0.23
TLT	125.7	8.1	-27.0	0.41
黄金（GLD）	437.6	17.6	-30.3	0.81

可以看出：

◇ 交易 EWG（iShares—MSCI 德国指数）时的结果最好。

◇ 美国股指（还包括上表中没有列出的小盘和中盘指数）中，表现最好的是纳斯达克 100 指数和它的 ETF（QQQ Powershares ETF）。

◇ 在这段时间里，各股指中表现最差的是 SPY，它的收益率和索提诺比率都与持有 GLD 非常类似。

不管选择哪种权益 ETF，该策略的收益率都比买入并持有 TLT 或所选择的 ETF 高。不仅如此，该收益率还会比把这些 ETF 组合起来时的收益率更高。这意味着，相对于等权持有所有 ETF，并且放 2 倍杠杆买入并持有组合，四季节策略的收益率更高，并且还没有追保风险。事实上，等权组合的回撤非常大，以至于在保证金上没法维持 2 倍杠杆。

下图显示了 EWG/TLT 四季节策略的模拟资金曲线。

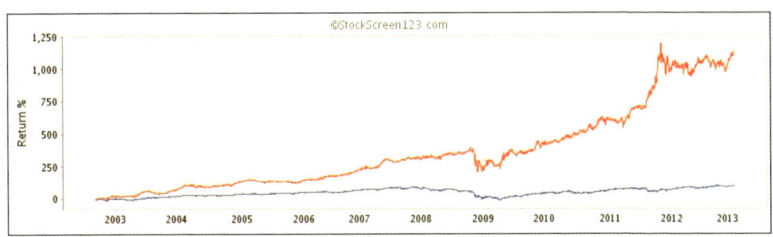

图 4.8　交易 EWG 的四季度策略的模拟资金曲线

图形解释

上图中，2011 年夏天有个跃升，这是由于国债的大趋势：在两个月里上涨了超过 25%。解释下这个很短的特殊时期的影响，25% 的总收益意味着在 10 年中有 2.2% 的复合年均增长率。即便剔除这段特殊时期，上图和策略的统计结果仍然相当不错。

在我首次发表关于四季节策略的文章后，一些读者写信给我说，国债可能是个泡沫（因此它在未来可能是很危险的），并且策略的大部分收益都来自国债（因此过去的业绩可能就没什么代表性）。

事实上，这个"EWG—TLT"四季节策略在这段模拟期中的总收益，471.43% 来自 EWG，134.28% 来自 TLT。因此用业绩来衡量的德国股市的季节性效应，是利率效应的 3 倍多。

如果我们在相同的期间内互换下 EWG 和 TLT 的位置，那 EWG 的收益会变为 -57.58%（真糟糕!），TLT 会变为 -11.15%。即便是处于泡沫中，TLT 仍在股市好的季节里存在负的平均收益。这显示了季节性效应的威力，它不仅对股市有效，对债券也是如此。

不过，如果你对国债的不确定性感到不安，我表示理解。

使用这个四季节模式的一种方法，是将它作为一个交易框架。想象一下，现在你有两个资产包，一个是在 1、2、5—9 月里持有的，另一个是在 3、4、10—12 月里持有的。你可以根据自己的意愿，在这两个资产包中加入任何资产和策略，只要它们与季节性效应相一致。

为什么选择的是 EWG，而不是另一个国家的 ETF？

雅各布森的论文中提到，在所有市场中，德国股市是对季节变化最敏感的市场之一。在阅读他的文章之前，我也已经注意到，德国股市是波动性最大的市场之一。

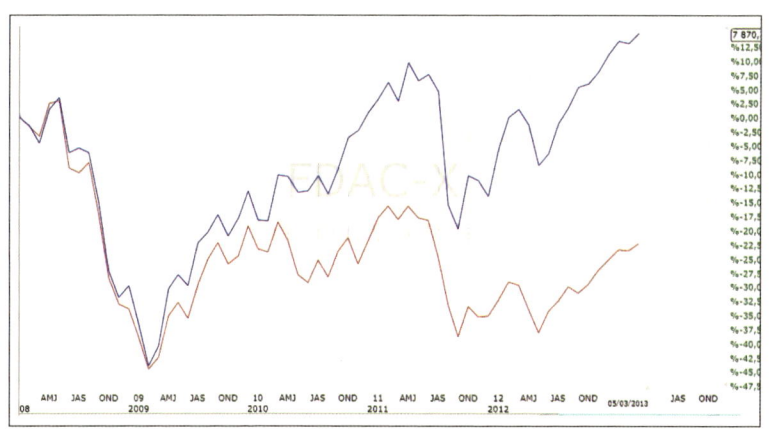

Chart courtesy of freestockcharts.com

图 4.9 德国 DAX 指数和法国 CAC 指数

上图是德国 DAX 指数（蓝线）和临近的法国 CAC 指数（棕线）在过去 5 年中的走势图。可以看到，DAX 不仅更加强势，同时它的波动也较 CAC 大上许多。

下面来看看 DAX（蓝线）和标普 500 指数（棕线）在一段更短时间（2 年）里的走势图：

这次 DAX 就比标普 500 弱势了，但它波动的放大效应仍然非常明显。我认为，这种波动放大现象，同样会放大季节性效应。

持有 EWG 确实与持有 DAX 有所不同，但这是交易整个德国股市的最便捷途径了。

小结一下我的四季节策略：在 1、2、5 至 9 月时持有 TLT，在 4、5、10 至 12 月时持有 EWG。这意味着每年只需执行 2 个指令，每个指令 2 次，共 4 次。执行指令所花费的时间：每季度不超过 2 分钟。

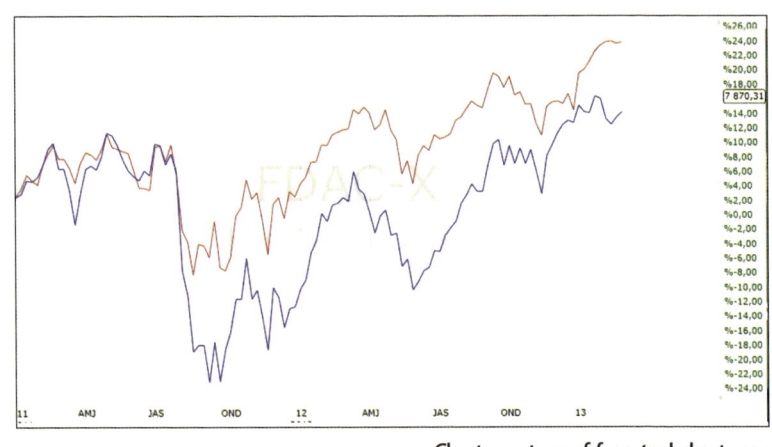

图 4.10　DAX 和标普 500

第四章 季节性模式

年末模式

为什么 11 和 12 月会是全年中表现最好的两个月份呢？这可能是季节性效应中最容易解释的特征。在这两个月里，存在着万圣节（"万圣节效应"）、圣诞节（"圣诞节上涨"）、会计优化和资金管理人为让其年末投资组合更好看而激发的买入热情（"橱窗装饰"）等商业和心理因素的综合影响。

年末的两个月

不管是什么原因（也不管今年的可能性如何），在过去的年度里，存在着以下事实：在 1999 年 1 月 1 日至 2012 年 12 月 31 日的 14 年里，仅在 11 和 12 月里投资 SPY（SPDR 标普 500ETF）时的复合年均增长率为 3%（下图中的红线），这……基本上与全年均持有 SPY（蓝线）的收益率相同。

图 4.11　在每年的 11 和 12 月里投资 SPY

不同的指数、国家和行业，在 11—12 月的季节性模式并不完全相同。我们已经知道，纳斯达克 100 和德国股市是交易这种季节性模式的不错选择。

下表显示了在过去的 14 年里，只在每年的 11 和 12 月里投资 QQQ 和 EWG 时的收益。

表 4.3　在每年的 11 和 12 月里投资 QQQ 和 EWG

收益率（%）	QQQ	EWG
1999	41.3	20.3
2000	-28.5	-0.6
2001	11.8	13.6
2002	-5.0	-4.0
2003	2.4	17.2
2004	9.1	12.4
2005	7.2	12.3
2006	3.7	10.3
2007	-5.7	2.5
2008	-9.1	5.3
2009	13.3	9.8
2010	4.6	0.3
2011	-0.1	-2.8
2012	1.9	5.8
平均值	3.4	7.3

在这两个例子中，在 1999 年 1 月 1 日至 2013 年 1 月 1 日的时段里，仅在每年的 2 个月里投资指数所获得的收益，比全年持

有（QQQ 的复合年均增长率为 2.4%，EWG 的为 3.1%）都更高。尤其是德国指数，特别有吸引力。

12 月

下面让我们把注意力集中于 12 月，这个月相对更加强势。在 1999 至 2012 年的 14 年里，标普指数有 11 年为正收益。我在一篇关于寻找阿尔法的文章中曾提及过，小盘股在 12 月初至圣诞节的时段里会大幅上涨，而科技行业的大盘股会在该月的最后几天大幅上涨。有几个行业尤其受这种年末的"橱窗装饰"上涨所影响：网络软件和服务业、通信设备业。

季节性模式与行业

在行业 ETF 中寻找季节性模式，可能是个危险的举动。特别是在叠加不同的周期和不同的参数长度时，会把情况变得更加复杂。这就是为什么我会强烈偏好于用宽基指数来交易基于季节性模式的策略。

在最近 10 年里，能源、公用和通讯这三个行业会在冬季月份里规律性地变强。

我还发现，在 2001 至 2012 年间，房地产和 REITs 是唯一一个能在股市表现不好的季节里仍获得相对好表现的行业。

下面我将介绍一个关于行业的策略。它试图发掘能源和公用行业的冬季模式，这是一个三季节模式：

◇ 1 至 4 月：能源（IYE）。

◇ 10 至 12 月：公用（IDU）。

◇ 其余时段：国债（TLT）。

策略定义：交易能源、公用和债券的三季节模式

策略名称	三季节—行业
资产	IYE、IDU、TLT
模拟期	2002.8.1—2013.1.1
再平衡期	1月1日、5月1日和10月1日
头寸数量	1
最大规模	100%
交易规则	在1月1日至4月30日时持有IYE，在5月1日至9月30日时持有TLT，在11月1日至12月31日时持有IDU
杠杆	1
交易费用	0.1%
业绩基准	标普500指数

这个策略在这段时间里的模拟交易结果为：

◇ 复合年均增长率：19.2%。

◇ 最大回撤：-33.4%。

◇ 索提诺比率：0.77。

小结一下行业和季节性模式之间的关系，上面的尝试确认了

关于周期的理论：很难在行业上找到一个有盈利能力的特定季节性模式。季节性模式在宽基指数上的表现会更好。也许我们能在某些行业或子行业中找到某些规律，但在选择要交易的 ETF 时会存在问题，它们要么不存在，要么流动性太差，要么存续时间太短而无法进行严谨的回测。因此它们不在本书的考察之列。

更多的季节性模式

在阅读完之前的章节后，如果你还没确信需要在你的交易计划中纳入季节性模式，你以后恐怕也不会了。事实上，季节性模式在很多资产上都存在，不仅仅是股指和债券，在货币、贵金属和商品上也是如此。

下表总结了近 40 年来期货合约价格的月频趋势。对于每个月和每种资产，都用了一个数字来代表趋势的强度。例如，数字 1 意味着月平均收益率大致介于 1 和 2% 之间，数字 -3 则表示介于 -3 和 -4% 之间。空的单元格意味着没有明显的趋势（平均值介于 -1 和 1% 之间）。

"年份数"这一列表示了历史数据的年份数，不同资产的年份数并不一样。

"ETF"列为每种资产都提供了流动性最好的 ETF 或 ETN。不过请注意，在计算趋势时，我们用的是期货，而不是基金的数据。这些基金的上市日会更晚一些。

"波动"列为每种资产月频趋势强度的绝对值之和。你可以把它理解为假想的趋势交易的非常粗略的收益率。该趋势交易会在上涨的月份里做多，下跌的月份里做空。

表4.4 一些资产的月频趋势[①]

资产	年份数	ETF	波动	1月	2月	3月	4月	5月	6月	7月	8月	9月	10月	11月	12月
道琼斯	40	DIA	7			1	2					−1		1	2
纳斯达克	36	QQQ	7	3								−1		1.5	1.5
DAX	16	EWG	15	−2	−5	3	3	2							
欧元	35	FXE	3.5	−1.5								1			1
黄金	40	GLD	9	1	1			1.5				2.5		1.5	1.5
白银	37	SLV	13.5	2	1				−2	2.5	3.5	−1			1.5
铂金	32	PPLT	9	2		−1		2	−1	1		1			
钯金	30	PALL	7.5	5.5					−1	−1					
铜	37	JJC	13		2	3		−2	−1	2				2	1
原油	24	OIL, USO	18.5		3	3	1.5			4	3	−2	−2		
天然气	17	UNG	21	−4		4			−3	−2			−5	−3	
白糖	37	SGG	14.5	1	−2	−3				−3	−1	3	1.5		
咖啡	37	JO	7						−5						2
可可	37	NIB	7.5						2.5	2		−3			

上表的数据和计算源于迪米特里·斯佩克（Dimitri Speck）所作的图表，可在季节性图表网（seasonalcharts.com）上获得。

[①] 原书该表中铂金在6月的值为−11，铜6月的值为−12，10月的值为21，原油3月的值为33，疑为输入错误，故将多余的数字调整至相邻月份中，以使各月份数字的绝对值之和等于"波动"列中的值。——译者注

第四章 季节性模式

对于上表,你也许会按照自己的意愿来得到许多结论和假设。这里我仅仅介绍下一些对我最重要的点:

◇ 金属在 11 月至 1 月间存在一个看涨的季节性趋势。
◇ 在过去 40 年里,黄金没有哪个交易月的平均收益率会低于 -1%。
◇ 在过去 37 年里,白糖和咖啡处于一个长期的下跌趋势中,而可可则处于一个上涨趋势中。

进行波动交易的资产中,历史概率最高的是铂金、白银和铜。

我还想提四点重要的警示:

◇ 这并不是一个策略介绍:在商品中,与历史趋势方向相反的价格变化可能会非常大。更不要说货币战争对这些历史周期的影响了。
◇ 这些数字并不是回测时的概率值:不同资产的数据周期是不同的。
◇ 在持有商品 ETF 或 ETN 的任何头寸之前,请检查下相对应的期货合约的升水幅度。(如果你还不知道升水是什么意思,就先去学一下,或者干脆不要交易商品)
◇ 相对于期货合约,ETN 的交易对手风险会更高。

这些历史数据不能被用于作为一个策略的基础,但它们可以用来当过滤器或确认器，以改善择时效果。例如，在 1 月时避免做空钯金，或在 6 月做多咖啡，可能是个不错的选择，除非所有其他指标都强烈确认这笔交易是可行的。另一方面，若你的策略在 1 月时出现了一个比较弱的技术性买入信号，在考虑了季节性趋势之后，这个信号可以得到加强。

本章小结

◇ 最近的学术研究表明，季节性模式所存在的时间，与股票市场本身一样古老，这些模式在最近几十年里还有变强的趋势。

◇ 我们介绍了两个基于两个和四个季节的季节性模型。

◇ 在股市表现不好的季节里，我们可以通过投资债券 ETF 来增强策略表现。

◇ 不同指数和不同国家的季节性模式并不一致。在最近 10 年里，交易德国、巴西和新加坡等国家的股指 ETF 的策略，会获得最佳的表现。

◇ 年末上涨的现象，在科技股和德国股票上表现得尤其突出。

◇ 在行业间寻找季节性模式是异常困难的。不过我们也介绍了一个交易能源、公用和债券的三季节模型。

◇ 最后我们还列示了商品中所存在的季节性模式。

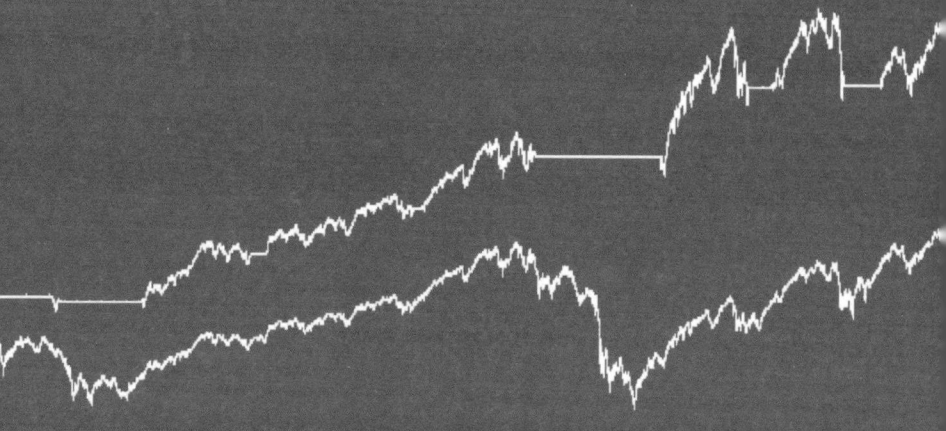

第五章　策略组合

　　本章将介绍两种将不同市场异象组合在一起,以降低风险的方法将这些策略的交易规则组合在一起,以创建一个新的策略;以及使用资金管理规则来分别交易这些规则。我对之前介绍的策略进行大量的组合测试。本章的最后则对概率、运气和它们对投资组合的影响进行了讨论。

第五章 策略组合

尝试将所有策略组合在一起

当识别出有价值的市场异象之后，一个无法避免的诱惑是试图把它们组合在一起。

之前介绍的前 6 个行业的策略①就已经组合了四个模式：

◇ 一个全局择时规则。
◇ 一个单独择时规则。
◇ 一个动量排序规则。
◇ 此外，包含 IEF 的策略版本，还整合了关于股票和债券是负相关的假设。

再加入一个季节性规则如何呢？

有两种方法来完成这个任务：

◇ 进取的方法：在退出股票投资时使用"且"来组合各种条件。也就是说，只有当处于一个股市表现不好的月份，

---

① 即第三章一开始介绍的"行业—前 6—IEF"策略，以及不含 IEF 的版本。全局择时规则是 SPY 的 50 日均线是否大于 200 日均线；单独择时规则是单个行业的 50 日均线是否大于 200 日均线；动量排序规则是对 11 个行业的 20 日动量进行排序，选择排名前 6 的行业。——译者注

且全局择时规则也不支持时，才激活保护性模式。①

◇ 防守的方法：在退出股票投资时使用"或"来组合各种条件。也就是说，在股市表现不好的月份里，该投资组合会系统性地进入保护性模式。只有在股市表现好的月份里，择时和动量规则才会被应用。②

下表显示了对前6个行业的模拟测试结果。策略的其他条件与之前介绍的"行业—前6—IEF"策略一致：周频再平衡、交易费率为0.1%、杠杆的借贷利率为2%。当处于保护性模式时，则100%持有IEF。

表5.1 组合了季节性规则的行业—前6—IEF策略的多个变种

2002.8.1—2013.1.1	总收益率	复合年均增长率	最大回撤	索提诺比率	凯利准则	斯特林比率	最长回撤期
买入并持有SPY	98.8	6.8	-55.4	0.39			

---

① 原模型为"当SPY的50日均线小于等于200日均线时，退出股市"，进取的方法改变了出场条件，为"当SPY的50日均线小于等于200日均线，且该月为股市表现不好的月份时，退出股市"。这里的保护性模式，是指不持有权益资产转向持有债券资产以寻求保护。——译者注

② 原模型为"当SPY的50日均线小于等于200日均线时，退出股市"，防守的方法改变了出场条件，为"当SPY的50日均线小于等于200日均线，或该月为股市表现不好的月份时，退出股市"。这就使得，若该月为股市表现不好的月份，则肯定不会持有股票，不管其他交易规则如何。而若该月为股市表现好的月份，则再来看是否满足全局择时规则，以及其余的单独择时规则和动量排序规则等。——译者注

行业—前6—IEF	234.9	12.3	-16.2	0.79	0.17	0.47	62周
进取的方法	141.7	8.8	-18.7	0.39	0.13	0.31	94周
防守的方法	164.6	9.8	-11.2	0.75	0.19	0.46	64周
防守的方法，2倍杠杆	486.9	17.7	-22.8	0.88	0.17	0.54	112周

加入季节性规则后，不管是进取的还是防守的方法，收益率都较差。不过，防守的版本削减了近1/3的最大回撤，让该策略具备了提升杠杆的可能。在提升杠杆后，索提诺比率跃升为0.88。这样做的缺点是，最长回撤期从之前的14个月，跃升为25个月（这可能是因为借贷利率和无杠杆策略中有一个长的平台期所导致的）。

最后，在综合考虑各种因素，以及提升杠杆的内在风险之后，我觉得，之前的"前6—IEF"策略可能还是最好的。

"不辛苦、也无收获"策略

我把一个最简单、也最安全的组合策略称为"不辛苦、也无收获"策略。它只交易3个ETF，包含2个不同的交易规则。

第一个子策略是交易QQQ（纳斯达克100ETF）和TLT的四季节策略。

第二个子策略是MDY/TLT的配对转换策略。

归纳如下：

◇ 头寸1：在1、2、5—9月里持有TLT，在3、4、10—12月里持有QQQ。

◇ 头寸 2：在 MDY 和 TLT 中，选择最近 60 天收益率最高的来持有。

单个子策略的头寸规模限定为总组合价值的 50%。

策略定义：交易能源、公用和债券的三季节模式

策略名称	不辛苦、也无收获
资产	QQQ、MDY、TLT
模拟期	2003.1.1—2013.1.1
再平衡期	周频
头寸数量	2
最大规模	50%
交易规则	头寸 1：四季节—QQQ 头寸 2：配对转换—股指—TLT（其中股指的 ETF 为 MDY）
杠杆	1
交易费用	0.1%
业绩基准	标普 500 指数

下面是测试期为 2003 年 1 月 1 日—2013 年 1 月 1 日交易费率为 0.1% 和周频再平衡时的测试结果：

◇ 复合年均增长率：16%。

◇ 最大回撤：-13%。

◇ 索提诺比率：1.27。

图 5.1 "不辛苦、也无收获"策略的模拟资金曲线

为什么这个组合策略会表现不错呢？

我们可以把季节性子策略视为基础策略。当季节性模式与统计结果一致时，配对转换子策略会跟随相同的趋势，其他时候它则起到了对冲的作用。

建立一个系统化的投资组合

将两个好策略的交易规则组合在一起，并不总是能得到一个好结果。量化分析是在对复杂系统进行建模：不同公司、不同投资者群体，以及它们之间的交互作用。复杂系统的首个特征和定义，就是它的行为并不是其各组成成分的行为的复合结果。在将两个好模型组合在一起时，有时你会得到一个较初始模型更差的结果。

　　这就是为什么使用资金管理规则来分别交易多个相对好的子策略,是个更好的选择,而不是把它们的交易规则组合在一起。不过也别把这当做一条确定性的规则。我们在前文中已经看到,将择时和动量组合在一起,确实能改善收益率和回撤。

　　系统的复杂性还表现在,为什么对某个量化模型的任何细微改变,都需要进行新的模拟和对结果进行解释。接下来我将展示的例子,还将体现我对分散化的观点。在我看来,对于多种独特的市场异象,使用3到4个交易ETF的子策略来构造的分散化组合,虽然头寸数量比较少,但其效果会比持有20多个股票时更好。

　　我想把前文介绍的3个较合理的、不带杠杆的子策略混合起来:

◇ 针对全球资产的动量"前5"战术配置策略。
◇ 交易新加坡和巴西股市的季节性策略(两个季节)。
◇ 交易德国股市的季节性策略(四个季节)。

　　为简化投资组合的管理难度,我们在每周的同一时间对所有策略进行再平衡。这意味着季节轮动可能不会刚好发生在某个月的第一天,而会推迟6天。

　　我使用了以下的规则来构建这个投资组合:

◇ 所选择的所有ETF都等权重配置。

◇ 当某个 ETF 在同一时间被选择了多次（这可能会发生在债券 ETF 上）时，也只计算一份头寸。

这样，该组合就最多会有 8 份头寸：5 个来自战术配置，3 个来自季节性模式。下表显示了该组合策略的模拟结果，并与这三个单独策略进行了对照。

资金管理

这里我们测试了两种资金管理方法：一种是限定单个 ETF 的头寸规模为 12.5%（1/8），另一种是限定为 25%。由于第一种方法的回撤相对较小，因此我们还计算了它带杠杆版本的结果。其余交易假设与之前的一样：交易费率为 0.1%，杠杆部分的借贷利率为 2%。

表 5.2 三个之前的策略，以及它们在多种组合形式时的结果

2003.6.1—2013.1.1	总收益率	复合年均增长率	最大回撤	索提诺比率	凯利准则	斯特林比率	最长回撤期
单策略							
资产—前 5	277.1	14.9	-13.7	0.96	0.20	0.63	88 周
两季节—EWS—EWZ	402.7	18.3	-27.1	0.76	0.16	0.49	49 周
四季节—EWG	674.5	23.8	-32.3	0.94	0.22	0.56	62 周
将 3 个策略组合在一起							
单个 ETF 的头寸规模限制为 12.5%	298.8	15.5	-12.5	1.11	0.22	0.67	87 周

单个 ETF 的头寸规模限制为 12.5%，2 倍杠杆	1146.2	30.1	-24.5	1.23	0.22	0.87	88 周
单个 ETF 的头寸规模限制为 25%	424.1	18.9	-19.6	1.19	0.21	0.64	46 周

下图是带杠杆策略版本的资金曲线。

图5.2 单个 ETF 的头寸规模限制为 12.5%、2 倍杠杆时，组合策略的模拟资金曲线

上述模拟的统计结果表明，平均意义上，一般会持有 8 个 ETF 头寸中的 6 个，其中一个每 3 周变化一次。

该组合策略需要每周都检查一次，不过大多数时间里什么都不用做。

权重向量

测试下每个子策略在不同权重时的情形,也许会比较有趣。在下表中,每一行都表示了投资组合在这三个子策略上的权重分布。

例如,(5,2,1)意味着,投资组合中,5/8 的部分来自全球资产子策略,2/8 来自两季节子策略,1/8 来自四季节子策略。虽然它看上去与之前的构造类似,但你会发现,结果会有一些差异。在将资金管理规则单独应用于每个子策略时,测试不同的权重向量过程会变得更简单。使用权重向量来组合策略的方法,与之前的方法的差异在于:

◇ 如果两个子策略都选择了债券 ETF 的话,它可能会被重复选入。
◇ 将头寸规模限制规则单独应用于每个子策略。

表 5.3 这三个策略在用多个权重向量来组合时的结果

2003.6.1—2013.1.1	复合年均增长率	最大回撤	凯利准则	斯特林比率	最长回撤期
5, 2, 1	17.6	-12.1	0.24	0.80	39 周
5, 0, 2	18.0	-11.6	0.24	0.83	59 周
5, 2, 0	16.6	-13.3	0.22	0.71	41 周
1, 0, 1	20.1	-16.5	0.26	0.76	62 周

在上述的 4 个测试结果中,当不包含新加坡—巴西子策略时,投资组合的收益率最高和回撤最小,对应的权重向量为(1,0,1)和(5,0,2)。

而在包含新加坡—巴西子策略时,可得到最短的最长回撤期。事实上,不存在一个"最优的"权重向量。每个子策略都能与其他子策略一起来提升某个方面的业绩质量。第一个子策略能在承担较低风险的情况下创造适中但平稳的收益,第二个能缩短回撤的持续期,第三个则能带来额外的收益。

最终,不同风险偏好和不同交易期的投资者,可能会选择不同的子策略组合。

幸运因子

即便测试结果看上去很好,你也必须永远记得这些模型的基本假设。

索提诺比率在收益率满足高斯统计分布时才有意义。凯利准则则假设胜率和盈亏比为常数。而只有当回测期覆盖了足够差的市场态势时,最大回撤指标才有意义。

下面用例子来说明模型中的小幅变化对交易结果的影响。不妨用权重向量为(5,2,1)时的组合策略来说明。

◇ 测试集包含 501 个周频收益率;
◇ 平均盈亏比为 1.02;
◇ 实证的周频胜率为 61.6%。

根据该数据集，在95%置信度下的统计学胜率为57.2%。这意味着，虽然我已经测试得到，这个包含501个数据点的数据集的胜率为61.6%，但它的真实胜率可能更高，也可能更低。统计学公式告诉我们，真实胜率有95%的可能性会高于57.2%。

这点差异重要吗？

在这种例子中，如果真实胜率为57.2%，该策略仍会是一个能盈利的策略。但此时的凯利准则就从0.24下降为0.16。根据该胜率，我们可以画出100条随机的资金曲线，它们看上去是这样的：

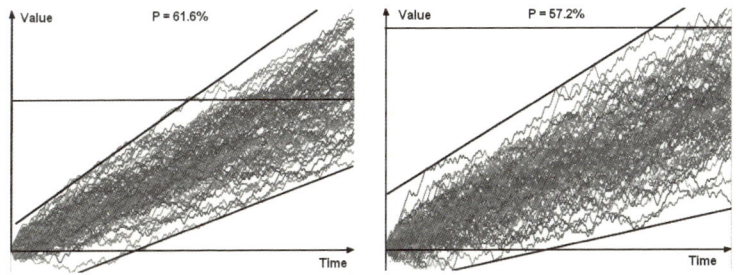

图5.3　不同胜率时的资金曲线发散图，假设平均盈亏比为常数

在这两个图中，水平线表示某个固定的盈利目标。

在这两个图中，若都选择最佳情形，图二实现固定盈利目标所要花费的时间，会比图一长很多，并且不确定性也会更大。当胜率有小幅的变化，或者不那么好时，损失期和坏运气在长期会有更强的影响。

当不管因为什么原因，导致我们高估了某个策略（可能是由于方法论、不充足的样本数据和市场状况等原因),那么该策略的组合价值在未来的发散情况可能会更大,超出你的想象。资金曲线越发散,策略盈利能力的确定性就越低。利用这些经学术研究验证过的市场异象来构造策略,并且用长达 10 年的数据来测试它们,确实会给我们某种优势,但并不是保证。

本章小结

- ◇ 将多个好策略组合在一起的最佳方式,不是将它们的交易规则组合在一起,从而构造出一个新的策略,而是利用资金管理的方法来分别交易它们。
- ◇ 投资于多个基于不同逻辑而建立的策略,会系统性地降低回撤,并可能会提高那些对风险进行调整的业绩评价比率。
- ◇ 实践这一想法的最简单方式,是将一个季节性子策略和一个配对转换子策略组合在一起。我把这个方法称为"不辛苦,也无收获"。
- ◇ 本章还提供了一些其他的例子,它们使用了前面章中介绍过的动量和季节性策略。
- ◇ 在本章中,我们对不同的资金管理方法进行了介绍,包括施加头寸规模限制、权重向量和提高杠杆等。不过,基于风险的头寸配置方法不在本书的考虑范围之内。
- ◇ 最后还介绍了对策略的量化评价指标存在高估时的危险,以及什么是真正的"运气"。

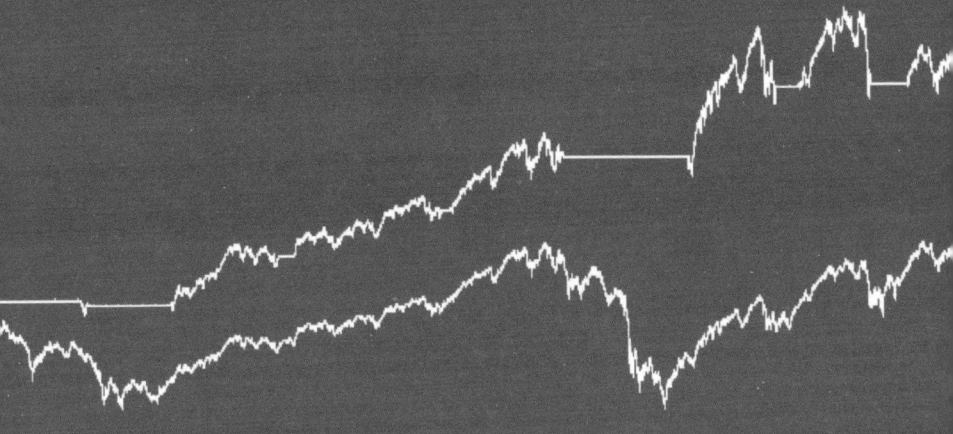

第六章 基本面量化模型

本章是对量化基本面分析的一个快速介绍。在介绍中,我们还是尽量保持简单易懂,并且让个人投资者能够用常见的金融工具来实践。本章首先是假设说明,接下来则提供了3个模型,每一个都对应于一种基本面数据。此外,我们还对择时和对冲方法在特定情况下保护组合价值的效果进行了比较。最后则介绍了一个组合了这三个模型的、低风险的投资组合示例。

假设

市面上有许多关于格雷厄姆（Graham）、巴菲特（Buffett）、茨威格（Zweig）、格林布拉特（Greenblatt）、皮奥特洛斯基（Piotroski）和奥尼尔（O´Neil）等著名投资者的书，它们都无一例外地覆盖了量化基本面分析这一主题。这里我并不会对此进行详细介绍，想了解更多基本面分析知识的投资者，可以去找一下这些书来看。这些模型的有效性，受市场状况和其他因素的影响，常会随时间而变化。

机构投资者才能确定价格，对于这一点，投资者们应该永远不要忘记。重要的不是某个模型是否能够真的确定某个股票的价值，而是它能否精确地跟随或者预测机构资金的变化。

这里我将给你三个策略开发方向，这三个方向都基于三个会刺激投资者或机构买入股票的概念：

◇ 价值。
◇ 成长。
◇ 股息。

为了使这些模型能够让个人投资者尽量简便地执行，我对这些模型设置了一些限制，包括：

◇ 股票池仅为大盘股：标普500指数的成分股。

◇ 交易指标和规则尽可能地少。

◇ 能用免费的或便宜的监控器来执行这些指标。

◇ 不使用公式、变量或复杂的规则。

◇ 模拟测试显示,这些模型在最近10年里能获得可观的收益。你可以直接使用它们,或者对它们进行改善。

价值模型

该模型使用了三个估值比率,包括用股价分别与账面净值、现金流和盈利进行比较。

过滤规则

◇ 只考虑标普500成分股。

◇ 市净率(最近一个季度)<8。

◇ 股价与每股现金流之比(动态)<10。

◇ 市盈率(动态,扣除非常项目)<20。

◇ 分析师平均评级<=3(评级为持有或更好的评级)。

排序规则

先根据过滤规则选择公司,再根据债务股本比对它们进行升序排列(越小越好)。

择时规则

当标普500指数当年的预期每股收益低于15周之前值时,卖出所有股票；当确实高于 15 周之前值时，买入被选入的股票。

检查/再平衡期：每隔 4 周。

注意事项

该过滤器的限制性并不是很强。在写作本书的时段里，大约 25% 的标普 500 成分股能通过该检验。

下面是在 14 年的模拟中，分别选择 N 家公司的结果。N 分别为 20、10 和 6。当股票数量更少时，收益率会下降，而回撤会上升。在我所测试过的大多数策略中，持有 4 至 8 份头寸，一般能在收益和波动率之间获得较好的折中点。这些模拟假设了 0.2% 的费率（包括滑价和交易费用）。

表 6.1　不同头寸数量时的价值导向策略

1999.1.1—2013.1.1	总收益率	复合年均增长率	最大回撤	索提诺比率
标普 500，买入并持有	50.6	3.0	−55.4	−0.07
前 20 只股票	393.3	12.1	−32.8	0.52
前 10 只股票	526.0	14.0	−33.2	0.63
前 6 只股票	573.2	14.6	−28.5	0.64

策略定义：交易前 6 只股票的特定价值模型

策略名称	价值—前 6 只股票
资产	标普 500 成分股
模拟期	1999.1.1—2013.1.1
再平衡期	4 周

头寸数量	6
最大规模	16.7%
择时规则	标普 500 当年的预期每股收益大于或等于其 15 周之前的值
过滤规则	只考虑标普 500 成分股 市净率（最近一个季度）<8 股价与每股现金流之比（动态）<10 市盈率（动态，扣除非常项目）<20 分析师平均评级<＝3（持有或更好）
选股规则	根据债务股本比进行升序排列，选择排名前 6 的股票（排序规则）
杠杆	1
交易费用	0.2%
业绩基准	标普 500 指数

下面是这个选择前 6 只股票来交易的策略的模拟资金曲线：

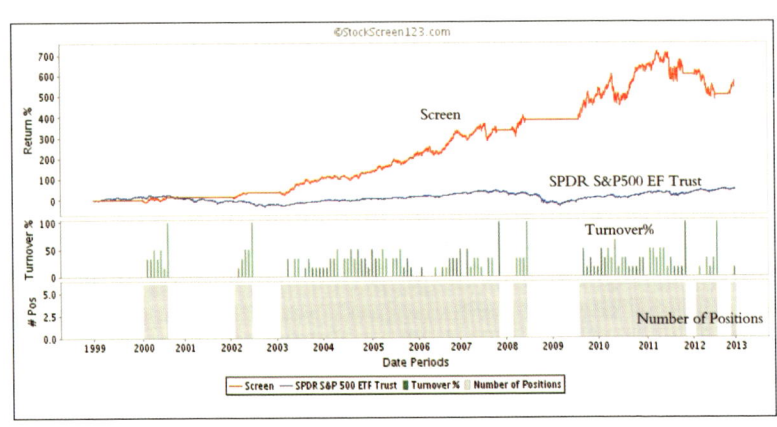

图 6.1　"价值—前 6 只股票"策略的模拟资金曲线

再平衡时的平均周转率为19%。这意味着，平均每4周会调整1份头寸。

成长模型

在这个模型中，必须基于两个标准来确认成长：销售额和每股盈利。

过滤规则

- ◇ 只考虑标普500成分股。
- ◇ 最近一个季度的每股收益，较上个季度有5%以上的增长。
- ◇ 最近一个季度的销售额，较上年对应季度有5%以上的增长。
- ◇ 股价与每股现金流之比（季频）<8。
- ◇ 相对强弱指数：RSI（14）<70。

排序规则

与之前一样：
- ◇ 对按照过滤规则选好的公司，根据债务股本比进行升序排列（越小越好）。

择时规则

与之前一样：

◇ 当标普500指数当年的预期每股收益低于15周之前值时，卖出所有股票；当确实高于15周之前值时，买入被选入的股票。

◇ 检查/再平衡期（与之前的一样）：每隔4周。

该过滤规则并不是100%基于成长的：其中包含一个价值规则（股价与现金流之比），和一个回避超买股票的技术性观点（RSI低于70）。

这个过滤器比之前的要更严格一些：例如，在写作本书的时段里，只有18只股票能通过该检验。下表显示了选择前N家公司的模拟结果。N分别为10、6和4。交易费率与之前的一样。我还加了一条资金管理规则：单个股票的头寸规模限制为总组合价值的1/N。

表6.2 不同头寸数量时的成长导向策略

1999.1.1—2013.1.1	总收益率	复合年均增长率	最大回撤	索提诺比率
标普500，买入并持有	50.6	3.0	-55.4	-0.07
前10只股票	479.9	13.3	-29.1	0.54
前6只股票	628.5	15.2	-26.6	0.64
前4只股票	1197.0	20.0	-25.3	0.92

第六章 基本面量化模型

策略定义：交易前 4 只股票的特定成长模型

策略名称	成长—前 4 只股票
资产	标普 500 成分股
模拟期	1999.1.1—2013.1.1
再平衡期	4 周
头寸数量	4
最大规模	25%
择时规则	标普 500 当年的预期每股收益大于或等于其 15 周之前的值
过滤规则	只考虑标普 500 成分股。 最近一个季度的每股收益，较上个季度有 5% 以上的增长。 最近一个季度的销售额，较上年对应季度有 5% 以上的增长股价与每股现金流之比（季频）<8 相对强弱指数：RSI（14）<70。
选股规则	根据债务股本比进行升序排列，选择排名前 4 的股票
杠杆	1
交易费用	0.2%
业绩基准	标普 500 指数

图 6.2 "成长—前 4 只股票"策略的模拟资金曲线

再平衡时的平均周转率为 33%。这意味着，平均每 4 周会更新整个组合的 1/3（对应于 1.33 份头寸）。

股息模型

这个模型关注那些股息率高于 4% 的股票，最近期和 5 年平均值均需满足这个条件。

过滤规则

◇ 只考虑标普 500 成分股。

◇ 过去 5 年的平均股息率>4%。

◇ 当期股息率>4%。

◇ 卖空股数/自由流通股数<5%。

◇ 不包含公用行业。

排序规则

与之前一样：

◇ 对事先选好的公司，根据债务股本比进行升序排列（越小越好）。

择时规则

与之前一样：

◇ 当标普500指数当年的预期每股收益低于15周之前值时，卖出所有股票；当确实高于15周之前值时，买入被选入的股票。

◇ 检查/再平衡期（与之前的一样）：每隔4周。

该过滤规则的限制性非常强：在写作本书的时段里，只有12只股票能通过该检验。如果考虑公用行业的话，这个值会变为26。为了避免持股过度集中于某一个行业中，因此我们将公用行业排除在外，包含公用行业同样会显著降低该模型的业绩表现。这个模型在分散持股时的效果更好：当选取前10只股票，并且单个头寸规模限制为10%时的结果最好。

策略定义：交易前10只股票的特定股息模型

策略名称	股息—前10只股票
资产	标普500成分股

量化投资策略

模拟期	1999.1.1—2013.1.1
再平衡期	4 周
头寸数量	10
最大规模	10%
择时规则	标普 500 当年的预期每股收益大于或等于其 15 周之前的值
过滤规则	只考虑标普 500 成分股。 不考虑公用行业。 过去 5 年的平均股息率>4%。 当期股息率>4%。 卖空股数/自由流通股数<5%。
选股规则	根据债务股本比进行升序排列,选择排名前 10 的股票
杠杆	1
交易费用	0.2%
业绩基准	标普 500 指数

表 6.3 三个策略对比[①]

2001.1.1—2013.1.1	总收益率	复合年均增长率	最大回撤	索提诺比率
标普 500,买入并持有	43.3	3.0	-55.4	-0.04
价值—前 6 只股票	489.0	15.9	-28.5	0.74

[①] 原书中该表标题为"特定头寸数量时的价值导向策略",疑有误。——译者注

| 成长—前4只股票 | 665.4 | 18.5 | -25.3 | 0.86 |
| 股息—前10只股票 | 400.7 | 14.3 | -17.3 | 0.89 |

股息策略虽然收益率最低，但回撤最小，索提诺比率也最高，是个不错的策略。

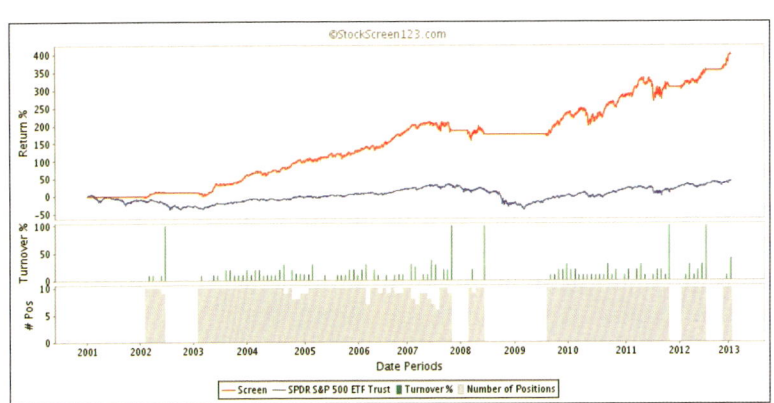

图6.3　股息策略的模拟资金曲线

再平衡时的平均周转率为12%，对应于1.2份头寸。

择时和对冲

择时的贡献

如果我们在这三个模型中去掉择时规则，平均收益率仍不错。这三个策略的平均收益率会介于12~17%之间。不过回撤会跃升至不可接受的水平：55~65%。

在前文中我们已经知道，择时的主要作用，不在于提高收益，而是限制波动率和极大地降低回撤。对于这些交易 ETF 的策略，你可以在投资组合退出股市时，将资金投资于国债。

选择对冲会怎么样？

保护头寸有两种基本方法：根据某个指标全部或部分地退出市场（这是择时），或持有某个相关的、表现稍差的资产的反向头寸（这是对冲）。

对于这些基于价值、成长和股息的方法，我使用的是择时而不是对冲。这里解释一下这样做的原因。我对这三个策略进行了三个版本的模拟测试：正常（N）、对冲（H）和根据标普 500 每股预期收益率进行择时（T）。

模拟时所使用的对冲技术非常简单：卖空与基准 ETF（SPY）多头等量的头寸。你也可以考虑买入某个反向的 ETF（比如 SH）。投资老手们更喜欢期权策略，不过这超出本书的讨论范围了。

卖空股票或 ETF，首先需要从经纪商借入股票或 ETF。不同经纪商的融券利率可能存在差异，这里我假设为 2%。

当使用反向 ETF 时，你需要用保证金来买入它，所需要付出的成本可能与融券差不多。

表 6.4 这三个策略的不同形式（N：正常，H：对冲，T：择时）

2001.1.1—2013.1.1	总收益率	复合年均增长率	最大回撤	索提诺比率
价值—前 6 只股票—N	510.2	16.3	-57.0	0.52
价值—前 6 只股票—H	287.0	11.9	-27.1	0.66
价值—前 6 只股票—T	489.0	15.9	-28.5	0.74
成长—前 4 只股票—N	371.2	13.8	-64.0	0.40
成长—前 4 只股票—H	182.9	9.1	-35.5	0.34
成长—前 4 只股票—T	665.4	18.5	-25.3	0.86
股息—前 10 只股票—N	313.6	12.5	-59.2	0.46
股息—前 10 只股票—H	110.5	6.4	-28.0	0.29
股息—前 10 只股票—T	400.7	14.3	-17.3	0.89

请注意，首先，相对于有保护的版本，正常版本的价值策略的收益率更高，不过其与择时版本的差异不太大。其次，两个保护版本的策略都降低了初始回撤。

对于这三个策略，择时比对冲能提供更高的收益和更高的索提诺比率。最大回撤也更好一些，或者比较接近（价值策略的情形）。

将模型组合在一起

考虑到波动率及收益在不同起始日时的变化情况，股息策略最为安全。

这里我们想构建一个保守的投资组合，因此将 50% 的资金分配给股息—前 10 只股票策略，25% 分配给价值—前 6 只股票策略，25%给成长——前4只股票策略。

单个策略中的头寸是等权重配置的。因此，单个股息策略的头寸，占总资金的比例，会是5%，而价值策略的头寸为4.17%，成长策略的头寸为6.25%。

模拟期为2001年1月1日至2013年1月1日。

下面是该混合策略的模拟结果：

平均收益率/4周（%）	1.2
复合年均增长率（%）	16
最大回撤（%）	−10.4
最长回撤期（月）	19
斯特林比率	0.78
凯利比率	0.54
凯利比率（使用95%置信度的胜率来计算时）	0.4

该混合策略带来了两个意料之外的惊喜：非常稳健的凯利比率和低的回撤。更具进攻性的投资者可以把它作为一个提高杠杆的选择。

不过，需要注意：这里的回撤，是根据4周末时的数据来计算的，并不是实时的。如果用日频收盘价来计算，该值可能会显著地变差。并且该值不能用来与之前的单策略模拟时的值进行比较。此外，过去的回撤并不是非常深，但其中一些会持续很长时间。

本章小结

◇ 本章提供了针对标普500成分股的三个简单的基本面量化

模型。
◇ 每个模型都基于某一种基本面比率：估值比率、成长比率和股息比率。
◇ 择时是这些模型的一个重要组成部分，并且能提供比对冲更好的效果。
◇ 这三个模型的一个加权组合，能构造出一个低风险的、动态的股票组合。

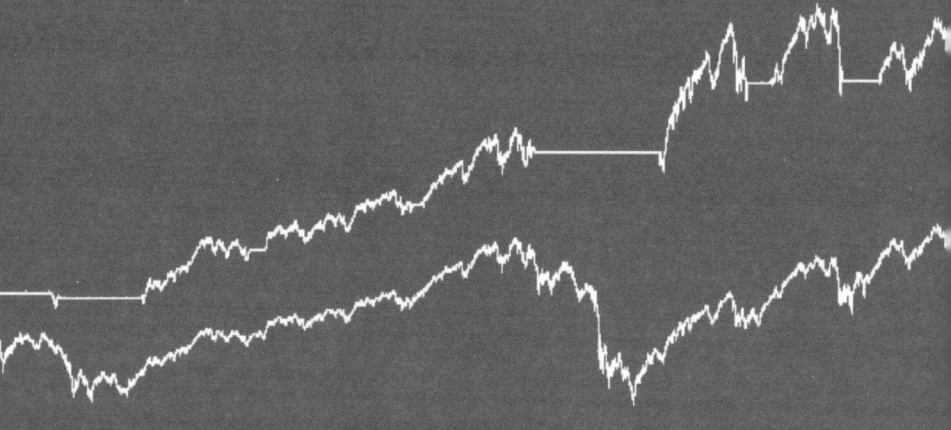

第七章 策略设计

　　对于本书之前所介绍的策略，可以按照它们所描述的那样执行。对于较资深的读者而言，也可以把它们作为设计其自身交易规则和投资组合的出发点。这一过程的重点是回测，而众所周知，回测是一项危险的行动。如果在不提供一些基本的建议和注意事项清单之前，就让你走进丛林，这是不负责任的。写作本章的目的就在于此。

第七章　策略设计

策略设计框架

选择一种交易风格

在设计策略时，最重要的因素是要知道你想以何种交易风格来交易。这取决于你的心理，你所能使用的时间，以及你的生活方式。根据自身的情况，你可能想每个月只交易一次，或者每天一次，或者日内也可以交易。本书中的策略，是为那些希望每周或每月只交易一次的人而设计的。这适用于大多数职业和个人投资者。不管市场如何变化，交易计划总是安排在固定交易日中的固定时点。不需要实时或者每日盯盘，也不需要高速的网络连接。

你还需要选择你要交易的金融工具类型。

本书的金融工具都限定为具有流动性的股票和 ETF，并将杠杆型产品排除在外。这些金融工具非常易于回测，交易的安全性也最高。而交易杠杆型产品则需要更多技巧和对收盘进行监控。

交易风格的选择由你做主。非常活跃并且经验丰富的投资者，可以交易多个不同时间周期下的不同种金融工具。不过，如果某种交易风格与你的知识、个性和生活方式并不匹配，你获得成功的可能性会比较小。这是导致 95% 的交易外汇和差价合约（CFD）的小额交易员们亏钱的一个原因。

从一个公认的市场异象开始

所有投资方法，以及扩展开来的所有交易系统，都是基于一种或多种市场异象。其中的大多数（如果不是全部的话），都属于以下四种类别的范畴：

◇ 反转：基本面的（价值）或技术面的（发散模式）。
◇ 连续性：基本面的（成长）或技术面的（动量模式）。
◇ 习惯：与时间有关的模式，以及对特定事件的反应。
◇ 节奏：对某个给定的时间尺度，可能存在或不存在的行为。例如，三个月的回升，就不会在分钟频上表现出来。

除非你本身是在从事金融研究工作，否则最好还是从实业界和学术界的出版物上汲取适合自己交易风格的灵感，有可能的话再对它们进行改善。学术论文一般会维持在一个一般化的水平上，在它们对市场异象的分析中，可能只有少部分内容对你有帮助。

你可以找到诸如社会科学研究网（SSRN）等金融学上的学术出版物在线数据库。不过它们都有一个缺点，就是这些数据库都太大了，你需要先想好自己需要找什么，然后再去搜索。另一个问题是，这些作者经常使用复杂的数学语言。

选择你的工具

在策略生命周期的三个阶段中，你都需要工具来：

◇ 策略设计。
◇ 策略实施。

◇ 策略控制。

1. **策略设计**

策略设计，是一个包含策略研究，用逻辑规则来表示，模拟测试、评估和验证的递归过程。

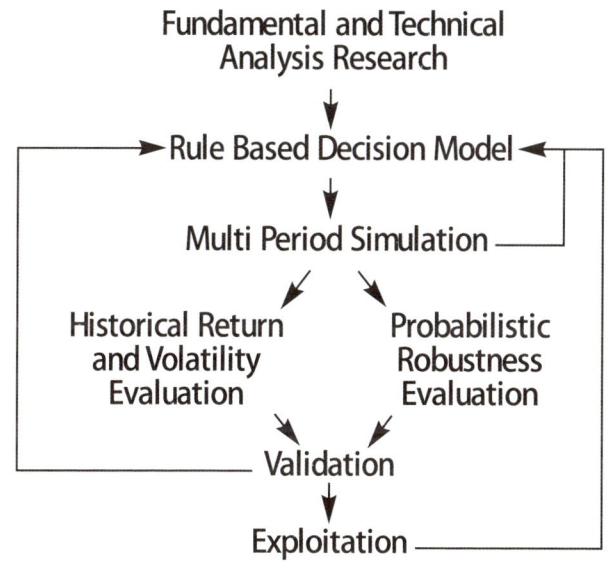

图 7.1 策略设计是一个递归过程

对于所设计的策略，你需要对它们进行模拟和评估。如果是简单策略，那么从任意的免费数据源中下载历史价格序列，再将它们放入工作表中,是一个很好的开始。

当策略变得复杂时,你可以使用诸如 MetaTrader 和 NinjaTrader 等交易软件中整合的回测功能来进行回测。这样做的缺点是,它们只适用于技术性策略,并且你需要先学会它们的脚本语言。对于个人投资者而言,最好的方式是采购或注册一个配备每日更新数据库的专业模拟平台。

在线平台和特定软件能让你用一种基于规则的语言来构建策略。这种服务随时间而变化得很快。你可以在搜索引擎中输入监控器、回测、股票、ETF(screener backtest stock ETF)等关键字来寻找合适的平台或软件。在写作本书的时段,搜索结果的第一页会显示 3~4 家不错的模拟测试服务提供商。为了写作本书和设计我的大多数策略,我选择了组合 123(Portfolio 123)来使用(见附录)。

2. 策略实施

为了实施策略,你需要一个监控器(一般是用模拟策略的平台,不过这并不是必需的),和一个低费用的经纪商。如果想自动执行交易,还需要可编程的交易软件并具备编程技能。

3. 策略控制

对于策略控制,简单的工作表就可以记录交易结果,并将它们与模拟结果进行比较。

回测的致命弱点

回测是个危险的动作。以下是关于回撤缺点的一个不完整列表。

忘记考虑时间因素

模拟时,只能使用每个决策点之前所能获得的数据。确信你的数据集在设计时就没有偏误:

◇ 它必须包含那些消失了的公司(否则你的模型就会遭受生存偏差的困扰)。
◇ 指数的成分股必须带时间戳(10年之前的标普500成分股列表,与今天的并不相同)。
◇ 基本面数据必须有正确的时间戳,能在特定日期获得。验证该问题的一个好方法是,看看你的监控器在当前所提供的投资组合,是否与几天或几周之后一样。

此外,还需确保你的方法论不存在前视偏差:

◇ 从当前表现好或分红多的股票中选择用于模拟的股票池,是个方法论上的错误。
◇ 在使用均线时,将平均退出点设置在决策点之前的一天,而不是同一天。当你用工作表设计策略时,可能会隐藏这种致命错误。

在这一系列与时间有关的问题中,需对你策略中内嵌的止损和止盈指令非常小心。模拟引擎会取出开盘价、最高价、最低价和收盘价数据，并会为开盘价和收盘价这两个固定点之间假设一条路径。我们唯一知道的是，这个假设在现实中并不成立。如果最低价和最高价之间的范围，比止损价和止盈价之间的范围更宽，模拟器会首先激发止盈指令，而在现实中，则会是止损指令。

你的模拟器可能会将真实的盈利转换为损失，或者反过来。如果你添加了一个限价买入指令，现实中该指令可能还未成交，而模拟器则可能已经显示出该头寸的损益了。

忘记考虑流动性

当你对模拟工具开始变得熟悉时，你可能会发现一些不可思议的事情。有种策略本应该让你在不到10年的时间里变成亿万富翁。问题是（除非你是个天才）它们完全没有现实意义。大多数时间里，默认的模拟股票池中包括缺乏流动性的股票和低价股。

当包括这些股票时，会存在两个问题：

◇ 这些股票的交易量可能不足以建立一个规模适中的头寸。
◇ 即便可以，订单簿上的买卖价差和订单量，会让实际成交价格比理论模拟价格差5%、10%甚至更多。

在小微市值股票的奇妙世界里，没有办法保证能以显示屏所显示的买卖价格来交易股票。大多数情况下，小额成交量下所隐藏的真实价格，都比你所期望的价格要远得多。

你可以按照以下标准，对公司进行过滤，来限制或消除流动性风险：

◇ 最小日均成交量（股份数或金额）。
◇ 最小市值。
◇ 基于指数（诸如标普500和纳斯达克100等）的成分股。

忘记考虑交易费用

即便你的经纪商费用很低，交易费用仍是个沉重的负担，特别是对日内和日频策略而言。下面的两张图就可以很好地阐述该问题。

你可能已经听过名为"4—2"的策略，它本应该是能盈利的。该策略会买入那些连续4天下跌的股票，并在持有2天之后卖出它们。下面使用道琼斯工业平均指数成分股进行14年的模拟。首先是忽略交易费用，然后考虑所投资的每1万美元需支付10美元费用。所有交易都以开盘价来计算。

当交易费用为0时：

图 7.1 对道琼斯指数成分股进行"4—2"策略的模拟，
不考虑交易费用

结果看上去不错，难道不是吗？

当交易费用为 0.1% 时：

图 7.2 对道琼斯指数成分股进行"4—2"策略的模拟，
交易费用为 0.1%

第七章 策略设计

很不幸，在更具现实性的条件下，该"盈利"策略从每年16%的收益率下降为负值。

卖空

外汇市场是唯一一个买入和卖出是对称行为的市场。买入某种货币对应着卖出另一个。但卖空某个股票或 ETF 并不是类似的买入行为。

首先，你需要先借入它们。融券利率取决于你的经纪商，并且会随时间而变化。对于零售客户而言，并不保证能持续性地借到股票和 ETF。你的经纪商有权在任何时刻要求你把它们买回来。如果你自己没有操作，该指令会被自动执行。你所拥有的唯一保证，是你所得到的价格会介于当天的最高价和最低价之间。

当你买入股票时，你的潜在盈利是无限的，而你的可能损失则限制在你的初始头寸价值再加上交易费用之内。而在卖空时，你的盈利被限制在你的初始头寸规模减去融券利息和交易费用之内，而你的潜在损失是无限的。

卖空低价股尤其是一项危险的运动。卖空大盘股会安全一些，但同样会导致灾难。

在 2008 年，德国股票市场上的德国大众汽车股票，被一个主要股东逼入"角落"。接下来的逼空行情是史诗级的。在两天里，股价从约 200 欧元蹿升至约 1000 欧元。在回落至其本来价格水平之前，大众短暂成为全球最具价值的公司。在这段时间里，卖空者在以任意价格回补他们的头寸，不管是自愿的，还是被他们的经纪商强制执行的。至少有 1 人因此而自杀：这是一位 75 岁的德国亿万富翁，具有丰富的股票市场经验。商品期货也不能免除这样的逼仓风险，比如，1980 年的白银。

需对卖空策略小心的另一个理由是，它们不能用一个可信的方法来模拟，因为无法获得所需的数据。据我所知，对于零售客户而言，没有哪个数据库会告诉你，你能在日期"D1"至"D2"的时段里，以平均为"R"的融券利率，从经纪商"B"处融到股票"S"。

对于 ETF 而言，在特定情形下情况会变得简单一些：越来越多反向 ETF 允许投资者卖空，这降低了风险，并让模拟变得可能。不过这些工具的上市期都较短，限制了模拟期。

复杂性

沃伦·巴菲特曾经写过：我们只应该投资于那些我们能够理解的东西。这对于个股是适用的，对于策略而言更是如此。

当你的策略尽可能简单时，你就会对它们更有信心。这同样是一个常能体现策略稳健性的特征。

你应该避免使用你的监控器、模拟平台或软件中所提供的特殊功能。只有当你能轻易地将策略从一个平台移植到另一个平台时，你才是投资的主人。如果你不借助某个平台或软件的帮助，就能执行该策略，那就更好了。成为一名独立的投资者，意味着你应该尽可能地让你的策略与所使用的工具独立。

在基本面分析中，你需要小心那些不同数据源中的值存在差异的指标。如果你不能在模拟时同时使用多个数据源，那就应该

第七章 策略设计

选择那些众所周知的指标,并用不同数据源的数据进行一个简单的对比测试。

在开发策略时,就像我之前从事软件架构设计和市场营销时一样,我始终在心里铭记安东尼·德·圣-埃克苏佩里(Antoine de Saint-Exupéry)的名言:

何时才算完美呢?不是没有东西可以添加了,而是没有东西可以去掉了。

以及艾尔伯特·爱因斯坦的名言:

让所有事情保持尽可能简单,但不要更简单。

过度拟合

策略在模拟时的结果,总会比真实交易时会更好一些。这些交易规则、参数值、模拟期、起始日和头寸数量等,都可能会不自觉地针对某个特定市场情况或某个特定金融工具组合而优化。如果回测一下在 1999 年至 2011 年 4 月间持有所有贵金属,你会得到一个非常好的结果。当然,真实情况下的错误会更难发现。

避免过度拟合的最初和最有效的手段是常识。

一个合理的模拟过程应该是:

◇ 有足够多的决策点(比如 100 个或者更多)。

◇ 测试期应至少包含一次牛市、一次熊市和一次震荡市。
◇ 在广泛持有各种头寸（比如，4至15种头寸）的情况下，能获得显著好的业绩表现。
◇ 在不同起始日下（对于月频和季频调仓的策略而言更是如此）均能获得稳定的结果。

判断过度拟合的一个更正式的方法，是检查非连续性。假设你是在用带有多个变量的数学函数做模拟，每个因素都有可能会影响收益：不仅仅是你交易规则中的变量，还包括所选择的股票/ETF的数量，再平衡周期、头寸规模、起始日和滑价等。

将这些变量一一进行变化，看看它们对收益、回撤和其他可能的指标（例如索提诺比率、凯利准则和回撤期等）的影响。

如果这些指标有大幅变化，那就需要小心了：与变量有关的非连续性，是一个体现策略非稳定性的特征。相对于某个仅在变量的很小变化范围内，或在那些不确定的变量（例如小盘股的滑点）上能获得非常好结果的策略，我更愿意选择那些比较平均和稳定的策略。

关于过度拟合的最后一点是，如果模拟结果显示，某个策略当前正处于其历史最长回撤期中，那我建议你不要选择该策略。

对模拟结果的错误解释

模拟只是给你提供了一条数据序列。如果它没有得到正确解释，那这些数据就是无用的，甚至可能会让你做出一个不好的决策。

这里存在两种风险:

◇ 投资于一个坏的策略（统计学家们把这称为阿尔法风险）。
◇ 拒绝了一个好的策略（贝塔风险）。

阿尔法风险是危害最大的。在资金管理比较好的情况下，它可能会导致所分配给该策略的资金全部或部分损失。如果资金管理也不太好的话，它可能会导致你财务破产。

贝塔风险仅仅是错失了机会。错失机会并不会带来危害，除非它是一个能改变命运的机会，或者你的决策过程会让你总是错失机会。

你的判断依据应该调节至：能拒绝所有坏策略，并且能接受足够数量的好策略。不过这只是理论上的。在实践中，你可能会基于不同的规则选择三或四个最好的策略。这可能是组成一个全天候投资组合的最小策略数了。

一个常见的错误是过于关注收益，而更重要的因素其实是回撤，不管在心理上还是财务上都是如此。心理上，一般而言，损失某个金额所带来的痛苦，会是同等金额盈利所带来的满足的两倍。财务上，低回撤的策略可以通过加杠杆的方式来获得更高的收益，而高波动的策略就不能加杠杆了。

你可能会想去固化对历史最大回撤和最长回撤期的限制。这些限制当然依赖于预期收益，并且不同投资者的选择可能不同。对于周频和月频再平衡的策略，我会接受这些策略：（1）单个策略的历史回撤不超过 35%。(2) 当把它们组合起来时，整个组合的回撤会显著地低于平均收益。在选择策略时，你还可以用索提诺比率和凯利准则来综合判断。

忘记进行策略控制

当你在执行某个策略时，你需要跟踪和比较真实交易结果与模拟交易结果之间的差异。

如果你发现两者之间存在不一致，并且没有找到合理的解释，不要犹豫，先把这个策略暂停下来。

使用杠杆 ETF

另一个可能没那么危险的错误，是基于杠杆 ETF 来设计策略。这些金融工具能放大表现，放大倍数一般为 2~3 倍。

首先，一些杠杆 ETF 并不是与放大表现的目标相一致的。我就发现过，在同一天收盘时，标的资产相同的 2 倍多头 ETF 和 2 倍空头 ETF，都朝同一方向变化了 1% 多。

更困扰人的是，对日频表现提升杠杆，会在长期中存在一个不便的效应，这就是贝塔—滑脱（beta-slippage）。

为了理解这一点，假设有个波动率很大的资产，它在第一天上涨了 25%，在第二天下跌了 20%。

一个完美的双倍杠杆 ETF，会在第一天上涨 50%，在第二天下跌 40%。

在第二天的收盘时，标的资产价格回到最初的价格：

$(1 + 0.25) \times (1 - 0.2) = 1$

那这个完美的杠杆 ETF 的结果呢？

$(1 + 0.5) \times (1 - 0.4) = 0.9$

这就是贝塔—滑脱的魔力。标的资产的价格并没有改变，但你的资金有 10% 就在上表中消失了。

贝塔—滑脱并不是一个骗局：它是日频再平衡的杠杆组合的正常表现。如果你自己管理一个杠杆组合，你也会在每次再平衡时创造你自己的贝塔—滑脱。再平衡频率越快，实际结果偏离你预期结果的风险也会越高。

上个例子比较简单，但贝塔—滑脱并不是一个简单的数学结果。我们没法根据统计学和概率论变量（甚至在考虑波动率的情况下）来计算出它。它取决于某个特定的盈利和亏损序列。因此，即便是在完美的情况下，我们用杠杆 ETF 来回测的结果都是值得怀疑的。这些结果更依赖于某个特定的行为，而不是其他种类的金融工具。它们对所总结的统计或概率上的行为缺乏代表性，无法用于未来的交易。这并不是说基于杠杆 ETF 的策略就完全不行，它只是需要更多的运气。

我们已经对一个理论上的、完美的例子有所了解了，下面来看看其他在实践中会影响杠杆 ETF 的因素：

◇ 管理费。

◇ 内嵌的期权，这会让净资产价值（NAV）与波动率有关。

◇ 内嵌的期货，这会让净资产价值与展期损益有关。

◇ 管理人的技能和意愿，管理人可以做任何不违反法律和产品合同的事。

杠杆 ETF 并不是个不好的产品，事实上，如果你的交易周期是中期，你倒可以从中选出一些好的来。不过，使用它们的更合理方式是日频交易，这也与这些产品的设计目的相一致。

本章小结

◇ 本章向投资者提供了一些开发策略的指引。

◇ 在开发策略时，需作出的前两个决定是选择交易风格和所要交易的市场异象，第三个是金融工具选择。

◇ 本章还列出和解释了一些在开发策略时会犯的错误的来源：时间、流动性、费用、卖空、复杂性、过度拟合、错误解释、策略控制和杠杆 ETF 等。

总　结

投资是一门科学还是艺术？

　　投资是科学和艺术的结合，每个投资者都需要在这两者之间找到一个属于自己的平衡。虽然直觉和灵感是许多成功投资者的关键因素，但他们中的大多数还是会依靠指标、计算、方法和系统来实现投资。使用指标和模型时，应该基于"希望"能获得一个在某个概率和置信度下可复制的结果。这句话中最重要的两个词是"应该"和"希望"。

　　"应该"是因为许多交易员和投资者并不知道他们所使用的指标和模型相关联的统计结果和概率。谁知道双顶模式、或十字星蜡烛图的真实概率呢？真实概率可能会比你想的糟很多。

　　"希望"是因为没法保证模型永久有效。它的有效性可能依赖于我们未发现或无法确定的假设。我们生活在一个充满了关联性，而不是因果性的世界里。模型仅仅是一个用概率将输入和输出联系在一起的方法，而不是用"因果关系"来解释它们。感谢诸如伽利略、牛顿、爱因斯坦和普朗克等天才的努力，才让我们对世界的认识得到了极大的改变，从一个平面世界，转变为从概率的视角来看待力学。如果现在连力学都依赖于概率论，我们将如何在经济学和金融学中用因果关系来思考问题呢？此外，我们如何能肯定地相信我们所讨论的经济学和金融学问题呢？基于模型来投资的策略，更多的是在对某个群体（"市场"）对某个想度量的刺激的预期反应进行建模。如果要进行学科划分的话，它可能更接近于实验心理学——这个由 19 世纪的德国科学家所开创的领域。

现在到了本书结尾的时候了。如果你觉得书中没什么新东西，那就对了。在未来有更大可能有效的东西，是那些已经运作了几年、几十年甚至几百年的东西。金融市场是人类行为的结果。新的金融工具、可实时获得的数据、网络、高频交易……都仅仅是放大器和加速器而已。在过去的几百年甚至更长时间里，背后的人类本质并没有改变。投资者需对"这次肯定会完全不同"的神话非常小心。这些刺激的组合常常会改变，但人类的反应总是基于相同的规则，现在的信息化和金融工程则放大和加速了这一过程。

不从历史中吸取教训，是历史所提供的最重要教训。

奥尔德斯·赫胥黎（Aldous Huxley）这句名言可能解释了为什么人类会倾向于复制相同的行为模式。而投资者的任务，则是识别这些在金融市场中稳健的行为模式，再对它们进行合理的下注。

我希望你能在本书中找到一些在研究、分类、解释和实施这些古老模式的灵感。

附　录

附录1：1950年以来的夏季和冬季收益率

下表提供了道琼斯工业平均指数在1950—2011年间按季节划分的统计结果（年度季节性收益率数据来源：《市场中的季节性：夏季下跌之后的上涨》，M. 布鲁默，寻找阿尔法网①；总收益率和回撤数据来源：作者计算）。②

这些统计结果是用5月至来年5月的数据来计算的。它意味着，第N行的收益是第N年5月1日至第N+1年4月30日的值。它还意味着，第N行的夏季和冬季的复合收益率，并不表示第N年的收益。

---

① Market Seasonality：Capitalizing Upon Summer Decline，M. Blumer，Seeking Alpha website.——译者注

② 该表中，所有夏季交易和冬季交易的统计指标是分别统计的。对于第N行，第二列［5~10月（％）］的值，是第N年夏季交易的收益率；第三列（夏季总收益率）是1950年至第N年所有夏季交易的累积收益率（考虑复利）；第四列（夏季回撤）是1950年至第N年所有夏季交易资金曲线的回撤；第五列［11~4月（％）］是第N年冬季交易的收益率；第六列（冬季总收益率）是1950年至第N年所有冬季交易的累积收益率（考虑复利）；第七列（冬季回撤）是1950年至第N年所有冬季交易资金曲线的回撤。——译者注

道琼斯	5—10月（%）	夏季总收益率	夏季回撤	11—4月（%）	冬季总收益率	冬季回撤
1950	5.0	5.0	0.0	15.2	15.2	0.0
1951	1.2	6.3	0.0	-1.8	13.1	-1.8
1952	4.5	11.0	0.0	2.1	15.5	0.0
1953	0.4	11.5	0.0	15.8	33.8	0.0
1954	10.3	23.0	0.0	20.9	61.7	0.0
1955	6.9	31.5	0.0	13.5	83.5	0.0
1956	-7.0	22.3	-7.0	3.0	89.0	0.0
1957	-10.8	9.0	-17.0	3.4	95.5	0.0
1958	19.2	30.0	-1.1	14.8	124.4	0.0
1959	3.7	34.8	0.0	-6.9	108.9	-6.9
1960	-3.5	30.1	-3.5	16.9	144.2	0.0
1961	3.7	34.9	0.0	-5.5	130.8	-5.5
1962	-11.4	19.5	-11.4	21.7	180.9	0.0
1963	5.2	25.7	-6.8	7.4	201.7	0.0
1964	7.7	35.4	0.0	5.6	218.5	0.0
1965	4.2	41.1	0.0	-2.8	209.6	-2.8
1966	-13.6	21.9	-13.6	11.1	244.0	0.0
1967	-1.9	19.6	-15.2	3.7	256.7	0.0
1968	4.4	24.9	-11.5	-0.2	256.0	-0.2
1969	-9.9	12.5	-20.3	-14.0	206.2	-14.2
1970	2.7	15.5	-18.1	24.6	281.5	0.0
1971	-10.9	2.9	-27.0	13.7	333.8	0.0
1972	0.1	3.0	-27.0	-3.6	318.1	-3.6

1973	3.8	7.0	-24.2	-12.5	265.9	-15.7
1974	-20.5	-15.0	-39.7	23.4	351.5	0.0
1975	1.8	-13.4	-38.7	19.2	438.2	0.0
1976	-3.2	-16.2	-40.6	-3.9	417.2	-3.9
1977	-11.7	-26.0	-47.6	2.3	429.1	-1.7
1978	-5.4	-30.0	-50.4	7.9	470.9	0.0
1979	-4.6	-33.2	-52.7	0.2	472.0	0.0
1980	13.1	-24.5	-46.5	7.9	517.2	0.0
1981	-14.6	-35.5	-54.3	-0.5	514.1	-0.5
1982	16.9	-24.6	-46.6	23.6	659.0	0.0
1983	-0.1	-24.7	-46.6	-4.4	625.6	-4.4
1984	3.1	-22.3	-45.0	4.2	656.1	-0.4
1985	9.2	-15.2	-39.9	29.8	881.5	0.0
1986	5.3	-10.7	-36.7	21.8	1,095.4	0.0
1987	-12.8	-22.1	-44.8	1.9	1,118.1	0.0
1988	5.7	-17.7	-41.7	12.6	1,271.6	0.0
1989	9.4	-10.0	-36.2	0.4	1,277.1	0.0
1990	-8.1	-17.3	-41.4	18.2	1,527.7	0.0
1991	6.3	-12.0	-37.7	9.4	1,680.7	0.0
1992	-4.0	-15.6	-40.2	6.2	1,791.1	0.0
1993	7.4	-9.3	-35.7	0.0	1,791.7	0.0
1994	6.2	-3.7	-31.7	10.6	1,992.2	0.0
1995	10.0	5.9	-24.9	17.1	2,350.0	0.0
1996	8.3	14.7	-18.7	16.2	2,746.9	0.0
1997	6.2	21.8	-13.6	21.8	3,367.5	0.0
1998	-5.2	15.5	-18.1	25.6	4,255.2	0.0

1999	-0.5	14.9	-18.5	0.0	4,256.9	0.0
2000	2.2	17.5	-16.8	-2.2	4,161.1	-2.2
2001	-15.5	-0.7	-29.7	9.6	4,570.1	0.0
2002	-15.6	-16.2	-40.6	1.0	4,616.9	0.0
2003	15.6	-3.2	-31.4	4.3	4,819.7	0.0
2004	-1.9	-5.0	-32.7	1.7	4,903.3	0.0
2005	2.4	-2.7	-31.1	8.9	5,348.6	0.0
2006	6.3	3.4	-26.7	8.1	5,789.9	0.0
2007	6.6	10.2	-21.9	-8.0	5,318.7	-8.0
2008	-27.3	-19.9	-43.2	-12.4	4,646.8	-19.4
2009	18.9	-4.7	-32.5	13.3	5,278.1	-8.7
2010	1.0	-3.8	-31.8	15.2	6,095.6	0.0
2011	-6.7	-10.2	-36.4	13.3	6,919.6	0.0

附录2：一种新的量化指标

下面将介绍一个在营销中已经使用了数年的行为学指标。它显示，自2006年以来，在谷歌搜索引擎中查询特定关键词的峰值与苹果公司股价（AAPL）的多次修正密切相关。这个信号在2012年9月时特别准。

注意：这里不涉及对AAPL的任何分析和观点。

当所有人都在谈论某个股票，就常常是卖出的时候了。如果你知道如何来使用该指标，谷歌趋势（Google Trends）会告诉你所有人都在想和谈论什么。

下面是"AAPL价格""苹果股票价格"和"苹果股份价格"（AAPL price，apple stock price and apple share price）等关键词自2004年以来的谷歌趋势搜索数量图。这些数字代表了那些想了解AAPL价格信息的人的查询数量。

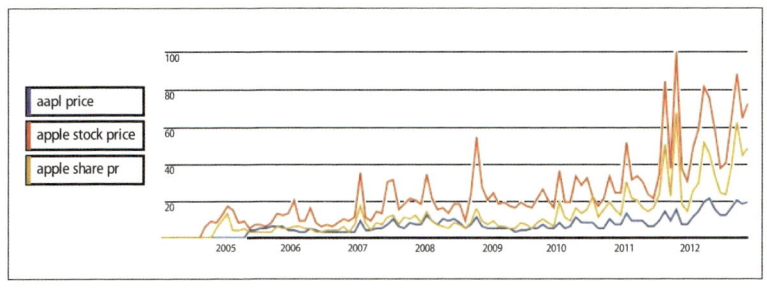

Chart courtesy of Google Inc.

图由谷歌公司提供

图A2.1 对AAPL的谷歌查询数量

谷歌趋势同样允许你去追踪这些查询的地理分布：北美主要使用"AAPL 价格"，而英国、大洋洲和南亚则主要使用"苹果股份价格"，"苹果股票价格"则在全世界都有使用。

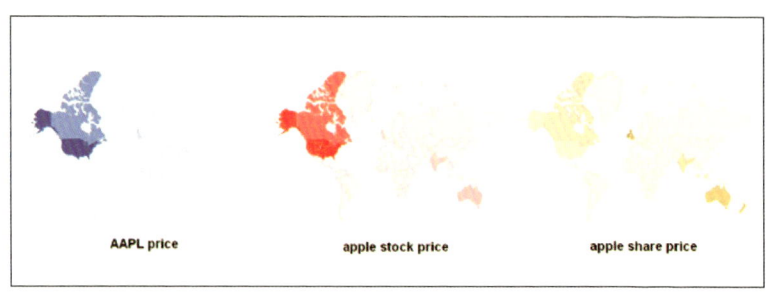

图由谷歌公司提供

图 A2.2　关键词和国家的相对搜索数量

这三个查询类别是高度相关的。由于"苹果股票价格"这个关键词在全球范围内被广泛使用，我的指标也就基于这个关键词。

我认为，当搜索数量比"当前噪音水平"高出两倍甚至更多时，就出现了一个信号。"当前噪音水平"是指过去月份中的平均搜索数量。

下面是 2012 年的搜索数量图：

附 录

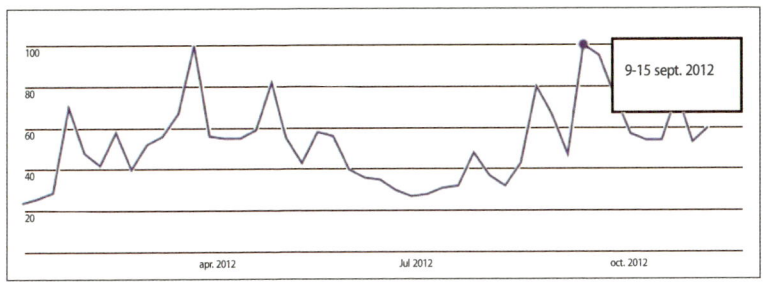

Chart courtesy of Google Inc.
图由谷歌公司提供

图 A2.3 "苹果股票价格"关键词在 2012 年中的搜索数量

在 2012 年的 3 月和 9 月出现了两次很强的信号。当查看周频维度的搜索数量图时,我们可以从 2004 年以来的关于"苹果股票价格"的谷歌趋势图中发现 9 次信号。下面列出了这些信号的情况,并对它们是精确(股价在中期中下跌)、非精确(股价在中期中上涨)或中性的(股价在未来 3 个月或更长时间里无显著的趋势)的情况进行了检查。当信号精确时,我会验证下该信号是否有用。这意味着去检查苹果股价在周频卖出信号出现之后的第一天是否还维持在高位,没有下跌。

下表列出了这 9 次信号的情况:

1	2005 年 1 月(1 月 9 至 15 日这周)	非精确(后来恢复上涨)
2	2006 年 1 月(1 月 8 至 14 日这周)	精确并可用。信号出现之后的第一天(1 月 17 日)几乎是当时的顶点,然后就出现了深度回调

3	2007年1月（1月7至13日这周）	精确并可用。信号出现之后的第一天（挺奇怪的，还是1月17日），股价为一个快速下跌前的高点。这时也是一个双顶形态。谷歌趋势信号在验证该形态之前就出现了。
4	2008年10月（10月5至11日这周）	中性
5	2011年1月（1月16至22日这周）	中性
6	2011年8月（8月7至13日，及21至27日这两周）	中性
7	2011年10月（10月2至8日这周）	中性
8	2012年3月（3月18至24日这周）	精确并可用。信号出现之后的第一天（3月27日）为一个显著下跌之前的高点。此时还是一个头肩顶形态。谷歌趋势信号在这之前就出现了。股价现在（在本书写作的时段）又低于该价格水平。
9	2012年9月（9月9至15日这周）	非常精确并可用。信号出现之后的第一天是9月17日，在17日时卖出，可以避免发生在2012—2013年的大幅修正，并且让你能在高点时出场。

  2004年以来，只有2次股价大的修正没有被谷歌趋势信号所提前发现，分别为2008年1月和2008年8至10月。第一次单独出现在AAPL上，而第二次则是全球的股市暴跌。

  总结一下，2004年以来，谷歌趋势共提供了9次卖出信号。其中有4次是精确并可用的，4次中性的，只有1次是非精确的。当信号精确时，它常会在高点附近发出信号，有1次则刚好在高点（2012 年 9 月 17 日）。它只遗漏了一次该股票的单独大修正。

你可能会想，如果一个指标在 9 次中只对了 4 次，有什么好值得去关注的。

我的观点是，这些"中性"结果也可以被认为是精确的：如果某个股票有 8/9 的概率会在接下来的一个月里下跌或盘整，我想这时就应该把钱投在其他地方了。当然，卖出的风险在于会错过下次上涨。谷歌趋势信号并没有说应该何时去买回来。不过基于价量的技术信号可以解决这个问题。

你可能还觉得这个数据样本太小了吧？

8/9 的比率，意味着在 95% 的置信度下的胜率为 57%。换句话说，真实胜率有 95% 的可能性会高于 57%。这个胜率比投资者们每天使用的那些流行指标可高多了。

根据我的观察，不仅是对于 AAPL，对于其他资产，谷歌趋势中的相对搜索量（Relative Search Volume，RSV）的峰值在提供警示和有时作为卖出信号方面，也可能会有帮助。更进一步的研究，则需要看能否在更精确的定义下对噪音水平和 RSV 指标进行识别，并将它推广于不同资产。

当存在大量的谷歌查询时，谷歌趋势值得作为一个新奇的反向投资指标来考察。不过对于大多数股票和资产而言，这可能很难实施，由于针对它们的搜索数量比较少，信号可信度不高。

附录 3：参考书目和资源

参考书目

ETF Trading Strategies Revealed, David Vomund, 2006

Are Monthly Seasonals Real? A Three Century perspective, B. Jacobsen and C. Y. Zhang, SSRN 2012

The Holloween Indicator: Everywhere and all the time, B. Jacobsen and C. Y. Zhang, SSRN 2012

The Optimism Cycle: Sell in May, R. Q. Doeswijk, 2005

Paired-switching for tactical portfolio allocation, A. Maewal and J. Bock, SSRN 2011

A Quantitative Approach to Tactical Asset Allocation, M. T. Faber, Journal of Wealth Management, 2007

Relative Strength Strategies for Investing, M. T. Faber, Cambria Investment Management, 2010

Where the Black Swans Hide: the 10 Best Days Myth, M. T. Faber, Cambria Investment Management, 2011

Risk Premia Harvesting Through Dual Momentum, Gary Antonacci, 2012

Momentum Strategies in Futures Markets and Trend-Following Funds, Nick Baltas and Robert Kosowski, 2013

附 录

在线资源

www.ssrn.com

www.seasonalcharts.com

www.seekingalpha.com

附录 4：支持

本书中所介绍的所有策略，在无须额外的产品或服务的条件下，就可以实施和执行。

在本书出版后的时间里，可以在下列网站上获得免费订阅服务：

http://stratecode.com

这些免费服务包括：

◇ 组合 123 的扩展免费试用版。
◇ 本书中所介绍的一些策略的代码和变量。
◇ 对本书可能的更新和修正。
◇ 可通过以下电邮联系我：stratecode@gmail.com（我的回复情况，取决于消息数量和届时的工作任务）。

在不提前通知的情况下，该网站、服务和组合 123 的扩展免费试用可能会因任何原因而被修正、向新注册者关闭或终止。